Muhammad Yunus

Banker
to the Poor

穷人的
银行家

[孟] 穆罕默德·尤努斯 著

吴士宏 译

生活·讀書·新知 三联书店

VERS UN MONDE SANS PAUVRETE
by Muhammad Yunus
© 1997 by Editions JC Lattès
Simplified Chinese Copyright © 2024 by SDX Joint Publishing Company.
All Rights Reserved.
本作品中文简体版权由生活·读书·新知三联书店所有。
未经许可，不得翻印。

图书在版编目（CIP）数据

穷人的银行家 /（孟加拉）穆罕默德·尤努斯著；
吴士宏译. -- 北京：生活·读书·新知三联书店，
2024. 11. -- ISBN 978-7-108-07923-7

Ⅰ. K833.545.34
中国国家版本馆 CIP 数据核字第 2024Q8P634 号

责任编辑	文 静　刘蓉林
装帧设计	薛 宇
责任印制	李思佳

出版发行　生活·讀書·新知三联书店
　　　　　（北京市东城区美术馆东街 22 号 100010）
网　　址　www.sdxjpc.com
图　　字　01-2021-5028
经　　销　新华书店
印　　刷　三河市天润建兴印务有限公司
版　　次　2024 年 11 月北京第 1 版
　　　　　2024 年 11 月北京第 1 次印刷
开　　本　850 毫米 × 1168 毫米　1/32　印张 9.625
字　　数　172 千字　图 20 幅
印　　数　0,001 - 5,000 册
定　　价　68.00 元

（印装查询：01064002715；邮购查询：01084010542）

1953年我13岁时,
身着童子军制服

1966年,我在美国纳什维尔的第一个公寓

1980年4月，与妻子阿芙罗兹在婚礼上

在迪纳杰布尔的如西·塔克高恩分行与贷款者开会

斯里纳加的沙锡迪分行在发放贷款

格莱珉渔业基金会
在尼姆加奇

养鱼／开会

格莱珉在阿雷哈扎与萨迪普尔
分行的纺织行业

编绳

格莱珉在阿雷哈扎与萨迪普尔分行的纺织行业

染布 / 纺纱

织布

刺绣

沙哈雷尔·辛盖尔分行

家畜家禽养殖

设备租赁

医疗卫生服务

手持格莱珉手机的乡村"电话女士"

1994年，我在爱荷华州的德·梅因接受世界粮食奖，与美国前总统吉米·卡特、我的妻子阿芙罗兹和女儿迪娜一起

世界银行行长吉姆·沃尔芬森与夫人访问格莱珉的索里亚巴普尔分行，托法尔·阿迈德部长与州首席部长A.K.法祖尔·胡克陪同

2006年秋季,译者吴士宏和尤努斯教授在清华大学相见、交谈,她眼中尚存未拭净的晶莹

目 录

再版译序　1

译序　赤贫沙漠上的清泉　吴士宏　5

序言　10

第一章　吉大港，博克瑟哈特大街20号　1

第二章　一个孟加拉人在美国　13

第三章　回到吉大港　30

第四章　乔布拉村做竹凳的匠人　41

第五章　试验项目的诞生　58

第六章　从乔布拉扩展到坦盖尔　84

第七章　一家为穷人服务的银行诞生了　114

第八章　为穷人服务的银行
　　　　——成长与挑战，1984—1990　129

第九章　应用于其他贫穷国家　149

第十章　应用于美国与其他富有国家　169

第十一章　格莱珉在90年代　190

第十二章　超越小额贷款：格莱珉众企业的新世界　211

第十三章　第二代格莱珉银行　229

第十四章　未来　239

附录一　格莱珉简况　259

附录二　联系方式　273

再版译序

十八年前,《穷人的银行家》中文版面世后三个月,作者获得诺贝尔和平奖。当年秋天,他应邀来华访问,并要求见译者。我刚动完腰椎手术不久,勒上钢护腰,蹒跚、臃肿地参加了尤努斯教授在清华大学的活动。他在演讲中毫无征兆地突然说道:"中国有一位疯狂的女士,感谢她,把我的书介绍给中国的读者……"追光灯下,我又艰难地挣扎着站起致意。

我的"疯狂",从何说起呢?2003年,我因病从职场"退休",开始认真研习公益领域,先是翻译了一本《如何改变世界——社会企业家与新思想的威力》,作者是一位公益领域的专栏作家。次年,书出版了。我在与作者交谈时,说到书中简要提及的一个例子似不大可信——"孟加拉的尤努斯教授为赤贫者提供无担保小额贷款,而贷款回收率高于一般的商业银行"。作者非常严肃地说:"You'd better believe it. 你最好相信,因为那确是真的。"我笑笑,其实还是不信。抵不过好奇心,去纽约的书店找到了尤努斯教授的自传,回程航班上一口气读完,信服了,感动了,震撼了。回到家就按照封底的电子信箱给尤努斯教授写邮件，自荐要翻译他的书，并暗自庆幸，刚出版了一本公益领域的译作，不至于因为全无经验而被拒绝吧。我得到了尤努斯教授热情而无保留的回复，那就是得到作者的授权啦。于是我立即投入每天十几小时的激情工作，不到三个月，完成！我得意地向尤努斯教授报告，不料，这次他的回复是："啊？！"他应是努力地忍住了："你疯了吗？"因为我完全不了解，要出版一本译著还需要很多程序呢！于是，我开始磕磕绊绊地找朋友，找资源，找出版社……这好像的确不是一个正常译者的正常行为。

因为题材冷门，找出版社被拒多次，终于，遇到了生活·读书·新知三联书店，遇到了当时的汪家明副总编辑，慧眼识珠，译稿终于有了着落。后来又与作者的海外代理机构协商版税等，对我来说，都是挑战。这书不一定能卖出几本呢，还要支付高额的首印版税？我又跟着着急，说我这还有翻译费呢，可以凑上。多亏汪总鼎力成就，还有责任编辑文静小姐的能力与尽责，有惊无险地，《穷人的银行家》简体中文版终于在2006年年中出版了。

书做成了。我赶紧去住院动手术，腰的毛病不能再拖了，都怪我自己做事依然不知节制，翻译本书还能把腰弄坏了，常见的腰椎病是椎间盘脱出，而我是把三节腰椎的椎间盘磨没了（医学术语叫作"无菌性坏死"）。出院回家继续仰卧，硬板床还是汪总借给我的，同病相怜，交情不浅。

三个月后，作者获得诺奖，立即再次并多次加印，封面也换了。听说十几年来一直是长销书，我真是与有荣焉，感谢三联书店仍重视好书。

十八年来，中国已经广泛消除了贫困，那么，尤努斯的初衷——帮助赤贫者——的理论与实践还有现实意义吗？我深信：有的。只要人类社会中存在着不平等，存在着需要改善之处，就需要这些立志于解决社会问题的社会企业家，他们的坚忍、悲悯与智慧，使得人类社会多了些希望，多了些光亮，哪怕只是萤火之光。而尤努斯教授，就是高悬的那轮明月，给孤独无望的穷人、弱者一些光亮。尤努斯教授在中国以及世界各地都努力地推广格莱珉模式（格莱珉即乡村银行，格莱珉模式即尤努斯教授在孟加拉始创的以无担保小额贷款扶助赤贫者脱贫的模式），在美国的 Grameen America 则服务于少数族裔与妇女办的微小企业，即使在富足的美国，格莱珉模式也仍然有实在的价值。

2006年，尤努斯教授对我说："Juliet，我要将格莱珉模式推向国际，你来帮我做吧。"这对我实在是巨大的诱惑和荣幸。郑重思考后，我诚实地告诉他：我觉得自己现在不够纯粹，暂时不能去追随你。他一如月光般柔和、悲悯，只是微笑说："我理解。"这些年，我一直追随任何有关格莱珉、尤努斯的信息，虽不能至，心向往之。

今年8月2日，在媒体上读到孟加拉动乱，各方力邀安居法国的尤努斯教授回国组阁的信息。孟加拉国于我很遥远，却因尤努斯教授而让我十分牵挂。如他20世纪70年代在自己祖国成立时立即放弃美国的优渥生活回国报效，此次，他仍会义无反顾，但是，毕竟已是84岁的年纪！我只能默默祝祷他安康。世界需要这轮明月。

吴士宏

2024年8月24日

译序　赤贫沙漠上的清泉

翻译这本书，缘起于2003年。在商界征战奋斗多年之后，我开始重新思考人生，经过沉重而漫长的思考，我决定，后半生将要为他人、为有需要的穷人做事。于是开始做些公益领域的学习和研究。穆罕默德·尤努斯，一个陌生的孟加拉人，进入我的视野，打动了我的心。2004年底我终于在纽约的一个书店买到了尤努斯的英文版自传《穷人的银行家——小额贷款与抗击世界性贫穷之战》，读完心中充满激动和崇拜。立即按照书中的地址给尤努斯教授发了电子邮件，做了自我介绍，并表达想将他的自传翻译为中文的愿望。喜出望外的是，第三天即得到了尤努斯教授的肯定回复。我立即投入翻译工作，一口气用两个月完成了初稿，2004年5月初完成，并增加了尤努斯教授亲自提供的附录。

穆罕默德·尤努斯，经济学博士、教授，1971年孟加拉独立后，立即离开美国安逸优越的教授生活回到祖国，他写道："我知道我必须回去参与祖国的建设。我必须为自己这样做。"回国后尤努斯在吉大港大学任经济系主任，在孟加拉社会具有高尚的社会地位和优越的生活条件。浓厚的民族主义情愫，强烈的社会责任感，以及人道主义和宗教的信仰，使他无法漠视人民的饥饿、贫穷。1974年，孟加拉发生大饥荒，饿死了成千上万的人，他努力寻找解决饥饿的办法，亲自去村庄里试验高产种植方法。1976年的一天，他因无法忍受看到制作竹凳的赤贫村妇受到中间人的盘剥，自己掏出27美元，分别借给四十二个赤贫的村妇，这一点点钱，就能帮助她们摆脱"契约奴隶"的身份，能够自己买生产资料（竹子），把制成的竹凳直接拿到市场上去卖，从而得到尽管微薄然而是全部的利润。由此开始，尤努斯开始试验、创立了"小额贷款"模式。七年之后，成立孟加拉格莱珉银行（格莱珉——孟加拉语，意为"乡村的"），世界上第一家专门借钱给穷人的银行，为穷人服务的银行。此后三十年中，格莱珉模式在全孟加拉乃至全世界得到扩展和复制。

如今的孟加拉格莱珉银行已经拥有三百多万个借贷者，其中95%是原先赤贫的妇女，年贷款5亿美元，还款率99%，所有贷款均由自身资源支持，来自贷款者与非贷款者的储蓄。并且，银行保持持续赢利。格莱珉银行不仅借钱给穷人，银行自身就是为穷人所拥有的。格莱珉向世界证实，银行业可以不借助抵押品、法律手段、团体担保或连带责任，而借款给穷人；穷人可以通过借贷提高收入，摆脱赤贫；他们还可以储蓄、投资、用银行贷款建造房屋、送子女上学乃至接受高等教育，甚至建立自己的养老基金。

过去三十年中，格莱珉模式已经遍布世界，甚至在中国也有过尝试。

20世纪80年代中期，世界银行的小额贷款项目即在中国云南等地区试验实施，听当初一位参与项目实施的朋友说，后来项目由当地政府接管，再后来，似乎无迹可寻了。我没有做过深入的调查研究，没有议论的资格，但2004年我去云南禄劝考察，亲眼看到了"小额贷款"的实例：香港乐施会在云南等地区做扶贫工作已经十几年，近几年的一个试验是"贷款"给贫困山寨的农民，平均每户从几百元到两三千元，但要求农民自己管理。如果一个村子的还款率低下，下一年的贷款额就不能增加，甚至可能减少。农民们组织起来，成立发展委员会，讨论每家每户如何使用贷款（养猪，买化肥、种子，还是增加农具），以及如何保证每家都能按时还款。无担保的小额贷款的还款率在很多村寨都高达100%。贫穷农民的生活水平得到改善的同时，生存能力与民主自治能力也得到开发和提高，那是产生于贫瘠土壤的、没有政治目的的草根民主。

在禄劝实施项目的朋友们并非都知道孟加拉的格莱珉，知道尤努斯的就更少。但我相信，此类以消除贫困为目的，借贷给无抵押担保的穷人的项目，大概基本都是从格莱珉银行的根脉上生发出来的。

尤努斯的理想是：看到这个世界摆脱贫困。"这意味着，在这个星球上没有一个人会被描述为穷人，没有一个人的基本需求不能得到满足。到那时,'贫困'这个词将不再具有实用的意义,它将只被用来理解过去。贫穷的位置,只应在博物馆里。"尤努斯坚信,借贷是人权,是穷人也应拥有的权利,而为穷人提供小额信贷,是消除世界性贫困的最有力的武器。

1997年的世界小额贷款峰会订立的目标是:到2005年,使世界上最穷的一亿个家庭得到小额贷款与其他的金融服务。到2001年在纽约举行第五次小额贷款峰会时,数据显示全世界已有**五千多万个家庭从小额贷款项目中受益**,其中包括**两千多万个最贫困的家庭**。其中,很可能并未计入云南禄劝高山上的那几百、上千个苗彝山民家庭。

格莱珉模式颠覆了几百年银行业的法典:借贷给无抵押担保的穷人。同时,能够赢利,可持续发展。过去三十年中,孟加拉以及世界各地的实践证明,在许多国家里,穷人比富人更有信誉。然而,三十年来,格莱珉模式一直在受到来自金融界、政府、媒体甚至是公益组织的怀疑。近期我还从国内的一个权威金融杂志上看到一篇关于小额贷款的文章,其中说道:"孟加拉乡村银行模式……多属于传统意义上的扶贫、慈善性质……谈不上建立了可持续的经营机制……"难道,真要等到实现了一亿个贫穷家庭从小额贷款项目中受益时,才能承认孟加拉乡村银行(即格莱珉银行)模式具有"可持续的经营机制"吗?我多么希望,有更多的人能够读一读这本书,它不仅是一个伟大的人的自传、一种伟大精神的阐释,还几乎可以作为参照实践的课本，一种完全不同于传统的实践。中国有很多扶贫组织，可以充分借鉴尤努斯和格莱珉银行的经验以及世界各地格莱珉模式的经验，也许，更需要充分借鉴以往不成功的经验。如果能够找到在中国可扩展、可持续的小额贷款实施方法，中国又将会有多少贫困家庭可以从中受益呢？

我的英文是自学的，基础薄弱。过去多年使用的商场英语都是简单直接说明白就行，不太讲究语法修辞。只粗读过数量有限的英文原著，更没有翻译经验。可想而知，翻译这本书对我是何等的挑战。我倾尽了最大的努力和能力，希望不至于有损本书的精髓与作者的光辉。

在此，我要感谢徐晓，她承担了包括版权、出版等安排在内的最繁难的任务，过程中变生不测枝节横生，全亏徐晓的把握与坚持。还要感谢本书编辑，用心补拾译文中的诸多粗陋。所有谬误之处，当然是本人的责任。

三联书店决定出版《穷人的银行家》中译本，自然是出于对原著的欣赏。作为译者而能够附骥三联，我深以为荣。

吴士宏

2005 年 12 月 28 日

序　言

　　1974年，孟加拉陷入饥馑之中。

　　我任教并担任经济系主任的大学，位于这个国家的东南端。开始时，那些关于发生在北方遥远村落中的死亡与饥荒的报道并没有引起我们太多关注，但是随后，瘦骨嶙峋的人们开始出现在首都达卡的火车站与汽车站。很快，这些小股的人流就变成了一场洪水。饥饿的人们涌遍全城。他们一动不动地坐在那儿，以至于无法确定他们是死是活。无论男人、女人还是儿童都一个模样：老人看起来像孩子，而儿童的样子像老人。

　　政府开设了救济粥棚。但是很快，所有新开的粥棚都没米了。报社向全国提出警告：饥荒将继续蔓延。研究机构搜集数据，分析造成突然向城市移民现象的根源。宗教团体动员起来，将死者的尸体从大街上抬走，以适当的习俗将他们埋葬。但是很快，这种收集死尸的简单工作就变得非常繁重，远远超过了这些组织的能力。

　　这些饥饿的人并不叨念任何标语口号，他们对我们这些衣食无忧的城里人毫无要求，只是静静地躺在我们的台阶上等死。

人有许多死法，但是，饿死是所有死法中最让人无法接受的。它慢慢地发生，随着时间一秒一秒地过去，生死之间的距离变得越来越短，直到如此接近，以至于让人无法辨别。饿死如同睡眠一样，静悄悄地、不可阻挡地发生，甚至让人感觉不到它正在发生。而一切都是源于每餐饭缺少的一把米。在这个物质丰富的世界里，就那么任由一个还不理解这个世界之奇妙的小婴儿，得不到生存下去所需要的乳汁。她哭啊，哭啊，最终睡了过去。第二天，她可能再没有继续活下去的气力了。

过去，向学生们教授那些高雅的经济学理论，总是令我感到快慰，以为那些理论应该能够医治各种社会问题。但是在1974年，我开始惧怕授课了。当人们在人行道上、在我的课堂对面的门廊里正在饿死的时候，所有这些复杂的理论又有什么用呢？我讲授的课程就像那些总是好人获胜的美国电影。但当我走出舒适的教室，面对的是城市街道上的现实。在这里，好人遭受命运无情的毒打与践踏。生活每况愈下，穷人更加贫穷。

我所教授的经济理论对周遭生活没有任何的反映，我怎么能以经济学的名义继续给我的学生讲述虚幻的故事呢？我想从学术生活中逃离。我需要从这些理论，从我的课本中逃离，去发现有关穷人生存的那种实实在在的经济学。

对于我来说幸运的是，乔布拉（Jobra）村恰巧离校园很近。1958年，当时的巴基斯坦总统——陆军元帅阿尤布·汗（Ayub Khan）——在一次军事政变中夺取了政权。由于对桀骜不驯的学生们的疑惧，他颁布法令，让所有新建的大学都远离市中心。我所任教的吉大港大学（Chittagong University），当时被建在吉大港地区的山区，紧邻乔布拉村。

紧邻乔布拉村，这为我提供了一个重新学习的绝佳选择。我决定重新做一个学生，而乔布拉的村民将是我的教授。我发誓要从这个村子学到尽可能多的东西。传统大学在其学生与孟加拉的现实生活之间，制造了一个巨大的鸿沟。我不想再按照传统照本宣科地教书，我想教给我的大学生们如何去理解一个穷人的生活。当你将世界放在掌心仅以鸟瞰的角度去审视它时，你很容易变得傲慢自大——虽然你意识不到，一旦拉开距离，事物就会变得模糊不清了。我选择以"蚯蚓"的视角（the worm's eye view），我相信，如果我贴近贫穷去研究，我会更深切地理解它。

通过对吉大港大学周围村落的反复造访，我得到了许多对格莱珉银行的建立至关重要的发现。穷人教会我一种全新的经济学，我从他们的立场理解他们所面临的那些问题。我做了很多尝试，有些是有效的，而另一些则毫无用处。其中一个尝试很有效，那就是向人们提供小额贷款，帮助他们自雇谋生（self-employment）。这些贷款提供了一个起点，使那些贷款者可以从事乡村手工业，以及利用他们已有技能的其他方式来挣钱。

我从未想象过，我的小额贷款规划（micro-lending program）会成为一个为二百五十万人服务的全国性的"穷人的银行"

（bank for the poor）的基础，也没想到它会绵延五大洲，在一百多个国家得到采用。当时，我只是努力想从自己的负疚感中解脱出来，想要实现帮助几个饥民的个人愿望，但结果并未止于只帮助几个人。那些由于小额贷款而生存下去的人是不会允许我就此止步的。到后来，我也不允许自己就此止步了。

第一章

吉大港，博克瑟哈特大街20号

　　孟加拉最大的港口吉大港（Chittagong），是一个有三百万人口的商业城市。我是在吉大港老商业区中心的博克瑟哈特大街（Boxirhat Road）长大的。大街上有一条刚刚够一辆卡车通过的繁忙的单行车道，将查克太港（Chaktai）与中心作坊市场连在一起。

　　我家处在大街上珠宝商聚集的桑那波蒂（Sonapotti）。我们住在20号，是一座两层的小房子，楼下是我父亲的首饰作坊。小时候，我的世界充满了大街上的喧闹声和汽油味道。卡车与手推车永远在我们的街上堵塞着，我整天都能听见司机的争吵、叫喊和鸣笛声，永远是一派狂欢的气氛。夜半时分，街头的小贩、玩杂耍的和乞丐们的吆喝呼喊声终于渐渐退去，取而代之的，是我父亲作坊中的锤击声、锉磨声与抛光的声音。

　　我们只占据了楼上的厨房与四个房间：母亲的房间、收音机房间、主房间和餐厅，餐厅一天铺三次地席，供我们全家用餐。平屋顶是我们的游戏场，玩倦的时候，我们经常注视着楼下的顾客与在后房做工的金匠来消磨时间，或者就看着外面那无尽变换的街景。

博克瑟哈特大街20号是父亲在吉大港的第二个商号，第一处商号被一枚日军炸弹炸毁了，父亲只好放弃了它。1943年，日本入侵邻国缅甸，威胁着整个印度。然而吉大港一直没有遭到严重的空袭，日本飞机扔下的更多是传单。我们很喜欢从房顶上看那些传单像蝴蝶般向城市飘落下来。但是，当我们第二座房子的一面墙被日军的炸弹炸塌后，父亲迅速将我们转移到安全之地——他的家乡巴图亚（Bathua）村，我是在战争爆发之初出生在那里的。

巴图亚离吉大港大约7英里远。我的祖父在那里拥有土地，他收入的大部分来源于农作，但是他对首饰行业更有兴趣。他的长子，我的父亲杜拉·米亚（Dula Mia）也进入了首饰行业，并很快成为当地首屈一指的制造商和为穆斯林顾客服务的珠宝饰品商人。父亲是个心肠很软的人，他很少处罚我们，但对我们的学习要求十分严格。他有三个铁保险柜，每个都有4英尺高，嵌装在商铺柜台后面的墙壁里。店铺开门时，他让保险柜也敞开着。保险柜厚重的门里面是镜子和格子，看上去根本不像保险柜，而更像是商铺货架的一部分。在每日的第五次祈祷之前，也就是关门时分，父亲会把这些保险柜的抽屉都关起来。直到今天，我仍然能记起那些没有上油的合页发出的吱扭声和每个保险柜上的六把锁——被锁上时所发出的咔嗒声。这些声响刚好给我和哥哥萨拉姆(Salam)足够的时间,丢下手头正在做的无论什么事飞跑到书本旁。只要父亲看到我们坐在那儿读书,他就会高兴地说:"好孩子,好小伙子。"然后他就去清真寺做祈祷了。

父亲一生都是一个虔诚的穆斯林,曾三次去麦加朝圣。他总是一身白色的穿戴、白色的拖鞋、白色的宽松裤、白色的束腰外衣和一顶白色的祈祷帽。那副方框玳瑁眼镜和花白的胡子,使他具有知识分子的样貌,但他从来就不啃书本。拥有一个大家庭和一个成功的企业,使他没有什么时间来查看我们的功课,他也不喜欢那样做。他将生活分别投入到工作、祈祷与亲人们身上。

与父亲形成对比,我的母亲索菲亚·卡图恩(Sofia Khatun)是一个有决断的坚强女人。她是家中的纪律执行者,一旦她咬住下嘴唇,我们就知道,别想试图使她改变主意了。她想要我们都像她一样有条有理。她对我的影响可能是最大的。母亲十分善良并充满同情心,总是周济从遥远的乡下来看望我们的穷亲戚。是她对家人和穷苦人的关爱影响了我,帮助我发现了自己在经济学与社会改革方面的兴趣。

母亲出身于一个小商贸者之家,家人从缅甸采购货物来贩卖。她的父亲把拥有的土地大部分都租了出去,他大部分时间都在读书、写编年史、吃美食。这最后一个爱好最令他的孙儿们与他亲近。早年间，我记得母亲经常穿一件滚着金边的鲜艳纱丽（sari），乌黑的头发总是在前面向右分缝，后面盘成一个饱满的发髻。我非常爱她，我肯定是最经常拽着她的纱丽要求关注的那个孩子。最重要的是，我记得她讲的故事、她唱的歌，比如关于卡巴拉（Karbala）的悲惨故事。每年在穆哈兰节（Moharram）期间——穆斯林为了纪念卡巴拉举行的仪式，我记得我都要问母亲："妈妈，为什么房子一边的天空是红色的，而另一边是蓝色的？"

"为哈桑（Hassan）而蓝，为侯赛因（Hussein）而红。"她答道。

"哈桑和侯赛因是什么人？"

"他们是我们的先知——祝他安息——的孙子，也是他的掌上明珠。"

当她讲完他们被谋杀的故事后，总是指着暮色解释说，房子一边的蓝色是使哈桑死于非命的毒药，而另一边的红色是被害的侯赛因的鲜血。对于我这个小孩子来说，她所讲述的悲剧故事，与我们伟大的孟加拉史诗《悲伤之海》（*Bishad Shindhu*）同样令人感动。

母亲完全占据了我的幼年。每当她在厨房里煎皮塔饼（*pitha*），我们总是拥在她身边吵嚷着要求尝一口。当她把第一张皮塔饼从煎锅里拿出来，刚刚要把它吹凉些时，总是被我一把抓过来，全家公议我是母亲厨艺作品的首席品尝师。

母亲也制作一些首饰在我家的店铺出售。她经常给耳环和项链加上最后的点睛之笔：加上一小段天鹅绒的缎带、小绒球，或是鲜艳的编结丝绦，而我总爱注视着她用纤细的双手制作那些美丽的饰物。她给那些最需要帮助的亲朋或邻居的钱，就是从这些工作上挣来的。

母亲生了十四个孩子，其中五个早夭。我的大姐莫姆塔兹（Momtaz）比我大八岁，十几岁就嫁人了。我们经常去她在城边的新家看她，大姐就用丰盛的饭菜招待我们。比我大三岁的萨拉姆是我最亲近的同伴，我们模仿日本机关枪的声音玩打仗，风力合适的时候，我们就用宝石状的纸片和竹竿做起五颜六色的风筝。有一次父亲从大街上买来几个失效的炮弹，我们就帮助母亲将它们改造成花盆，翅在下、大头朝上地摆放在屋顶上。

萨拉姆、我与邻里所有那些工人家庭的孩子，都在附近的拉玛集市（Lamar Bazar）自由小学念书。孟加拉的学校向孩子们灌输良好的价值观念。学校的宗旨不只是要使孩子们学业有成，而且要教给他们作为公民的自豪，精神信仰的重要，对于艺术、音乐、诗歌的欣赏，对于权威与纪律的尊重。小学和中学都是男女分校。在拉玛集市自由小学每班有大约四十个学生，在那儿，我们所有人，甚至包括教师，都讲吉大港方言。好学生能够赢得奖学金，并经常被邀请参加全国性的竞赛。但我的同学大部分很快就辍学了。

萨拉姆和我如饥似渴地阅读我们能够到手的任何书籍和杂

志。我最喜欢的是侦探惊险小说。12岁时，我甚至写过一部完整的犯罪小说。但是，要满足我们的阅读饥渴并非易事。为了满足我们的需要，萨拉姆和我学会了即兴创作、买、借和偷。例如有一次，我们最喜爱的儿童杂志《舒克塔拉》(Shuktara)举行年度竞赛，竞赛的优胜者能够得到免费的订阅，名字还能印在杂志上。我随意挑了一个优胜者的名字，给编辑写了封信：

亲爱的先生：
　　我是某某某，是竞赛获胜者。我们已经搬家了。从现在起，请把免费订阅给我的杂志寄到博克瑟哈特大街某某号。

我没有写我家的门牌号，而是给了一个邻居的地址，这样就不会被父亲看到那本杂志了。每个月，萨拉姆和我都眼巴巴地等着给我们寄来的免费杂志。那可真是一场成真好梦。

我们每天还去我们的家庭医生巴尼克博士（Dr. Banik）的候诊室——拐过街角就是——读他订阅的各种报刊。这种自由阅读使我在多少年中受用无穷。在整个小学与中学期间，我常常是班里拔尖的学生。

　　　　　　　　　　＊　＊　＊

1947年我7岁时，"巴基斯坦运动"达到了巅峰。在印度穆斯林占多数的地区，都在为成为一个独立的国家而斗争。我们知道穆斯林占大多数的吉大港肯定会被包括在巴基斯坦之内,但我们不知道还有哪些其他地区会被包括在穆斯林孟加拉(Muslim Bengal)之内,也不清楚究竟会如何划定边界。

在博克瑟哈特大街20号,亲朋好友们没完没了争论着关于独立的巴基斯坦的未来。我们都意识到它会是一个最奇特的国家,一千多英里的印度疆土将它分为东、西两半。父亲是个虔诚的穆斯林,他有许多信印度教的朋友和同事常常到我家来,即便作为一个小孩子,我也能感到那两个宗教组织之间的不信任。我从收音机里听到许多有关印度教徒与穆斯林之间暴力骚动的报道,令人宽慰的是,这样的事在吉大港很少发生。

我父母的立场是坚定支持从印度的其他地区中分离出来。我的小弟弟易卜拉辛(Ibrahim)咿呀学语时,就称他所喜欢的白糖为"真纳糖"(Jinnah Sugar),而称他不喜欢的红糖为"甘地糖"(Gandhi Sugar)。穆罕默德·阿里·真纳(Mohammed Ali Jinnah)是巴基斯坦分离主义的领袖,而甘地当然是想要保持印度完整。晚上,母亲讲真纳、甘地和君王路易·蒙巴顿(Louis Mountbatten)的故事哄我们睡觉。我的年近10岁的哥哥萨拉姆,很嫉妒邻里那些大男孩,他们举着有白色新月和星星的绿色小旗,在大街上呼喊着"巴基斯坦万岁"(Pakistan Zinbabad)的口号。

1947年8月14日零时,被英国统治将近两个世纪的印度次大陆宣布独立。我对它的记忆宛如昨日。整个城市挂满了旗帜和绿、白两色的彩饰。我听到街上政治演说的响亮声音,经常被"巴基斯坦万岁"的口号呼喊打断。午夜前，大街上挤满了人。我们从屋顶上放焰火，我看到周围邻居们的侧影，他们仰视着洒满夜空的爆竹焰火。整个城市都悸动着激情。

午夜临近时，父亲带领我们下楼走到博克瑟哈特大街上。父亲虽然不是政治活动积极分子，但为了表示坚定，他加入了穆斯林团体国家警卫队。那天晚上，他自豪地穿上了他的警卫制服，还戴上了那很有特征的"真纳帽"。我们甚至带上了两个小弟弟，两岁的易卜拉辛和小婴儿图努（Tunu）。12点整，电闸被关上，整个城市陷入黑暗之中。在光明重回的下一刻，我们已经是一个新的国家了。高昂的口号声"巴基斯坦万岁！巴基斯坦万岁"响彻吉大港大街小巷的所有角落。当时我7岁，那是我第一次感到血脉中冲动着的民族自豪感。那令人陶醉。

* * *

在莫姆塔兹、萨拉姆、我、易卜拉辛和图努之后，母亲又生了四个孩子：阿尤布（Ayub）、阿扎姆（Azam）、贾汗吉尔（Jahangir）和莫因努（Moinu）。但到我9岁时，我热爱的母亲开始常常无缘无故地烦躁，行为举止也变得越来越不正常。在她比较安静的时候，她会莫名其妙地自言自语。她会一连几小时地祈祷，读同一页书，或是反复不停地背同一首诗。躁动起来，她就大声地用粗俗的话骂人。有时她会肆意辱骂邻居、朋友，或是家人，但另一些时候，她会大声斥骂政客们，甚至是一些死去已久的人。有时她会在头脑里反击那些假想敌，毫无警示地暴烈起来。她经常在夜里突然喊叫，拳打脚踢，我就得帮助父亲按住她，或是努力护住我年幼的弟妹们免受伤害。这样的危机之后，她经常会重新变回我们所记得的那个甜美温柔的母亲，给我们尽可能多的爱，照顾幼小的孩子们。但我们都知道这只是暂时的复原。随着病情恶化，她渐渐不能了解我们上学的情况了。

父亲为治愈母亲竭尽了全力，花钱给她做全国最先进的医学检测。我的外祖母和两个姨妈都有精神病，我们推测她的病一定也是遗传的，但是没有医生能做出确诊。绝望之下，父亲转向了诸如鸦片治疗、咒语甚至是催眠之类的异端偏方。对于这些疗法母亲从不配合，无论如何，这些方法一无收效。

倒是我们这些孩子发现那些疗法很有意思。看到一个著名的心理医生对母亲实施催眠提示之后，我们就彼此进行自己的催眠试验。我们还发明了用某种幽默来对待她的病情。"天气预报如何？"在我们想预见母亲在随后几小时的情绪时，就彼此这样发问。为了避免激起新的发作，我们给家里的每个人都配上了代号：2号，4号，等等。我弟弟易卜拉辛甚至写了个滑稽短剧，剧中，他称我们家是一个电台，母亲总是在"播音"，她以各种情绪来广播她的布道，还有"伴舞"。

父亲一直是照亮着这令人悲伤时期的光芒。他优雅坚毅地适应着这一人生变局，在母亲的疾病持续的三十三年间，他以所有可能的方式，在各种情况下，照顾着她。他努力做到一切如常，好像她仍是1930年的那个索菲亚·卡图恩，当时他只有22岁。直到母亲1982年去世，在他们结婚的五十二年间，他始终对她忠诚不渝，恩爱如初。

*　　*　　*

虽然父亲并不介意在我们的教育和旅行上花钱，但是他持家简朴，给我们的零花钱很少。上高中时，由于在吉大港地区的竞争奖学金考试中获胜，我每月能得到一点津贴，于是我有了一些零花钱，但从来就不够花。我从父亲的零钱抽屉里补足我短缺的部分，这件事父亲根本就没有察觉。除去对书与杂志的兴趣以外，萨拉姆和我还养成了看电影和在外面吃东西的毛病。我们对口味并不讲究。我最喜欢"马铃薯块"，就是一块烤马铃薯塞入煎洋葱，再洒上醋。萨拉姆和我在离家不远的街拐角处那个简陋的茶摊上，就着一杯茉莉花茶吃这些东西。对于这些外出活动，父亲从不知情。

萨拉姆和我买的第一架照相机是一个简单的盒式相机，我们走到哪儿都带着它。我们像专业人员一样计划并研究我们的题材：人像、街景、住宅、静物。我们在摄影方面的同谋是邻里一个名为"神奇之家摄影室"的照相馆主人。他允许我们用他的暗房，将我们的黑白胶卷冲印出来。我们努力想获得一些特殊效果，甚至给我们的照片上了色。

我对绘画产生了很大兴趣，并跟一个商业画家学徒，我管他叫尤斯塔德（Ustad），或是"古儒"（Guru，泰斗）。在家里，我把我的画架、画布和彩笔都小心安置好，以便在听到父亲回来的动静时很快就能把它们藏起来。作为一个虔诚的穆斯林，父亲不相信复制人体形象这类的事。家里一些爱艺术的叔叔姑姑成了我的同谋，他们帮助和鼓励我。

作为这些癖好的副产品，萨拉姆和我对图形设计也产生了兴趣。我们还开始集邮，并说服邻里的一个店主，允许我们在他的店铺前展示我们的邮票箱。我们经常与两个叔叔一起去电影院看印度和好莱坞的电影，唱那些当时很流行的浪漫歌曲。

吉大港教会学校比我的小学要都市化得多。我的同学大多是从各地调任来的政府官员的儿子，这个学校提供的是全国最好的教育。但特别吸引我的是童子军规划，童子军队部成了我常去的地方。我和其他学校的男孩子们一起，参加训练、游戏、艺术活动、讨论、在乡间徒步旅行、各种各样的节目和许多的集会。在"挣钱周"里，我们叫卖货物，擦皮鞋，在茶摊上当伙计，以募集钱款。除乐趣以外，童子军活动还教会了我，要有同情心，要有一种内在的精神境界，并且珍视我的同伴。

我尤其记得1953年那次参加巴基斯坦第一届全国童子军大会的跨越印度的火车旅行。沿途，我们停下来参观了许多历史古迹。一路上我们都在歌唱和游戏，但是在阿格拉（Agra）的泰姬陵（Taj Mahal）前，我发现我们的主任助理夸奇·西拉加尔·胡克（Quazi Sirajul Huq）在无声地抽泣。他流泪，并不是为了这座纪念碑或是为了在此埋葬的那对著名的情侣，也不是为了刻在白大理石墙壁上的诗句。夸奇先生说,他是为我们的命运,为我们肩负的历史重担而哭泣。虽然我当时只有13岁,但他的激情使我深受震动。在他的鼓励下,童子军意识开始渗透到我的所有行为活动中。我一直就是个天生的领头人,但夸奇先生的道德感化让我明白,要想得更高,要有序地引导激情。

1973年,在孟加拉解放战争之后那些骚乱的月份里,我与父亲和弟弟易卜拉辛一起去探望夸奇先生。我们喝着茶,讨论周围的政治动乱局势。一个月以后,夸奇先生在睡梦中被他的仆人残忍地杀害了。他当时已是一个衰弱的老人,那个仆人抢走了他的一点点钱。警方根本就没抓到凶手。我被悲痛吞噬了。回想起来,我开始理解他在泰姬陵流下的眼泪,那是出于对他自己不幸与孟加拉人民未来不幸的先知。

第二章

一个孟加拉人在美国

我总是把自己想象成一个教师。从小,我就总爱训导我的弟弟们,并且坚持要求他们在学校只许得到最高分。21岁大学刚毕业时,我在吉大港的母校主动提供给我一个经济学教师的职位。这个由英国人创建于1836年的大学,是这个次大陆上最受尊敬的大学之一,从1961年到1965年,我在那里教书。

在这段时间里,我还尝试建立我个人的企业。我注意到,包装材料都是从西巴基斯坦进口的,在这个国家的东半部,我们没有生产箱子或包装材料的设施。我说服了父亲,允许我建立一个包装与印刷工厂。我准备了一份项目建议书,从国有的工业银行申请一笔贷款。当时,很少有孟加拉企业家想建立工业设施,贷款马上就被批准了。我很快建起了一个包装与印刷工厂,雇用了一百名工人。这个项目很快就成功了,每年都有良好的利润。

我父亲是董事会的主席,他极不愿意从银行贷款。商业信贷的概念使他极为紧张，以至于他催着我提前归还了贷款。我们可能是当时绝无仅有的几家提前偿还贷款的新企业之一。那家银行马上又主动提出，额外提供一笔1000万塔卡（taka，孟加拉货币）的贷款，让我们去建立一家纸厂，但这件事我父亲根本不肯听。

包装业的中心是在西巴基斯坦的拉哈尔（Lahore），但是作为一个国家主义者的孟加拉人，我知道，我们在东巴基斯坦完全可以生产出更便宜的产品来。我们的产品包括烟盒、箱子、硬纸箱、化妆盒、卡片、日历和书等。我从来就不担心赚钱的事。而这个包装工厂的成功使我和我的亲人们都相信，如果我想的话，我可以做到在商界出人头地。

尽管获得了商业成功，我仍然想去学习和教书。于是，当我在1965年得到一份富尔布赖特（Fulbright）奖学金时，这个在美国得到博士学位的机会使我一跃而起。这是我的第三次出国之行。我曾在1955年作为童子军去过加拿大的尼亚加拉大瀑布参加世界童子军大会，1959年又去过日本和菲律宾。但这次是我独自出行。一开始，博尔德（Boulder）的科罗拉多大学的校园真让我大为震惊。在孟加拉，学生对教授从不敢直呼其名。如果一个学生向"先生"讲话，那也只是在"先生"允许他发言之后，他才能毕恭毕敬地发言。但是在博尔德，教师看上去把自己当作学生们的朋友。我经常看到教师和学生们光着脚、四肢伸展地坐在草地上，分享食物，开玩笑，聊天。这种亲密在孟加拉是完全不能想象的。至于说在科罗拉多的女同学，我简直窘得都不知道该往哪儿看。在吉大港大学只有很少的女学生，在八百名学生中，女生不会超过一百五十个。女生还受到隔离，她们通常被限制在女士休息室里，那里是不许男学生进入的。她们在参加学生政治活动与其他活动方面也受到限制。例如，我们演戏时就不允许女性参加，于是男生就穿女装、化女妆来扮演女性角色。

我在吉大港大学的女学生们都极为腼腆。快上课的时候，她们总是会在教师公共休息室外挤作一堆，随后跟在我后面去上课，紧抓着书，眼睛盯着脚面，以便躲避小伙子们凝视的目光。在教室里，她们和男生分开坐，我也学会了不向她们提问，以免令她们在同学面前感到窘迫。出了教室我从不和她们讲话。

事实上，我自己对女性也是十分腼腆，所以我尽量对她们视而不见。想象一下我1965年夏天到达美国时所感到的惊愕吧！校园里放着摇滚乐，姑娘们脱了鞋子坐在草地上，晒着太阳，大笑着。我紧张得要命，甚至试图不看她们。但我还是喜欢坐在学生中心里，注视着衣着古怪的大学生们来来去去，聊天、调情、吃东西。美国的青年看起来那么强壮、健康、充满活力。那是一个体验麻醉品的年代，喝酒是很普遍的。但是，腼腆的个性使我没有去参加那些喧闹的晚会。我宁愿在自己的房间里学习或看电视。

电视在1964年才在达卡出现，在到美国之前我对它还很陌生。在博尔德我很快就迷上了电视。我最喜欢的节目是《新闻六十分》(*60 Minutes*)，但我也看所有无聊的肥皂剧，比如《我爱露西》《吉利根岛》《霍根的英雄》。我发现，开着电视时我能更清晰地说话和思考，至今如此。

当时正是越战炽热的时期，我和其他外国学生一起参加反战集会和抗议游行。尽管也表示了自己反对越战的态度，我还是努力去保持开放的心态而避免卷入赶时髦的大众思维。我那些左派的孟加拉朋友无法理解我对美国的一些肯定性看法。在达卡，反美情绪高涨，在所有的校园里，学生们都称美国为肮脏的资本主义者，成天呼喊着："美国佬，滚回去！"

很快，我就学会了享用美国的个人自由。我开始感受到乐趣。学习很顺利，我甚至有时间去学四对男女跳的方形舞。看到人们喝葡萄酒、啤酒和烈性酒，我也不以为怪了。每天都有点滴的意外小事给我留下深刻的印象。我永远不会忘记第一次走进博尔德一家餐馆的那一幕，那个女招待招呼道："你好，我叫谢里尔（Cheryl）。"她咧开嘴笑着，给了我一杯加了许多冰块的水。在我的祖国或南亚，没有人会对一个陌生人如此开放坦率。

至于说到美国餐饮，我可真是怀念我母亲做的辛辣食物。尽管我也喜欢法式炸薯条、汉堡包、薯片和番茄酱，但我还是从心里厌烦美国食物，如果能吃上米饭和木豆（dal），或是孟加拉甜肉，我简直会不惜付出任何代价。

在阳光明媚的校园里，周围有来自各国的同学，我在博尔德的夏天飞快地过去了。秋天，按照奖学金的要求，我去了田纳西的范德比尔特大学（Vanderbilt University）继续学习，在那儿的经历可是完全不同了。对比科罗拉多宽广的景色，纳什维尔（Nashville）令人消沉，毫无意趣。再者，范德比尔特不久前才刚刚解除种族隔离，甚至连我常去的那家名为"校园烧烤"的狭小餐馆，直到六个月以前还都"只对白人"开放。外国学生屈指可数，而且，根本没有孟加拉人。我感到孤独，很想家。冬天很冷，我的宿舍韦斯利大楼（Wesley Hall）气味熏人，我们很快就重新命名它为"韦斯利地狱"（Wesley Hell）。暖气管整夜都砰砰作响。淋浴是那种老式的开放式间格，以我的腼腆拘谨，只好带着一条长Lungi去淋浴，那是在孟加拉人们穿的一种缠腰长裙。

我是那一年范德比尔特大学唯一的富尔布赖特奖学金学者。一开始的课程使我感到厌倦。比起在孟加拉已经做过的那些成熟得多的工作，我在经济发展方面的研究生规划实在是很肤浅。然而幸运的是，很快，我就上了攻读博士学位的轨道，师从尼古拉斯·杰奥杰斯库-勒根（Nicholas Georgescu-Roegen），一位罗马尼亚著名教授。

杰奥杰斯库-勒根教授是校园里有名的可怕人物。他给许多学生不及格，据传他毁了许多学生的学术生涯。但是我认为他很棒。他教给我一些我永远不会忘记的简单课程，还教给我一些精确的经济学模式，这些最终帮助我建立起了格莱珉银行。

通过他,我认识到没必要去死记硬背经济学的定式,更重要的,是去理解驱使它们起作用的那些基本原则。他还教我认识到,事物根本就不像看上去那么复杂,是我们的傲慢自大促使我们对一些简单的问题找到了一些不必要的复杂答案。

* * *

当我获得富尔布赖特奖学金赴美学习时,我肯定全无打算会找一个美国妻子。我设想,在该结婚时,就会像周围所有的人那样,通过媒妁之言缔结婚约。对于女性我毫无经验,在她们身边我极为腼腆。总的说来,孟加拉相当中规中矩,相当保守,而在我长大成人的吉大港地区,宗教气氛尤其浓厚。在我的家庭中,从来不会开放地讨论这样的私事。

1967年,在范德比尔特的图书馆里,当一个梳着齐肩红发、蓝眼睛的美丽姑娘向我走来时,我全无准备。她问我是从哪里来的。

"巴基斯坦。"我很紧张地回答说。

这个姑娘很友好,很自然,她对我和我的背景特别好奇。她名叫薇拉·弗洛斯坦科(Vera Forostenko),正在攻读俄罗斯文学硕士学位。薇拉出生在苏联,但是她和她的亲人在第二次世界大战后不久就到美国来了。他们定居在新泽西的特伦顿(Trenton),我立刻就喜欢上了她。

我们相识两年以后,1969年,薇拉离开了田纳西,回到了新泽西。当时我已经在计划返回孟加拉了。

"我想到那儿去和你一起生活。"薇拉说。

"你做不到的。"我回答说。我极为固执:"那是个热带国家,完全不同的文化。女性在那儿得到的待遇和这儿可不一样。"

"但我一定会适应的。"她坚持说。

她不断地给我写信,打电话,讨论这个问题。每次我找到一个理由来说明这样一个举动为什么行不通时,她就会找到一种反驳的理由。

终于,我改变了主意。

我们1970年结婚,搬到纳什维尔以南50英里一个叫默弗里斯伯勒(Murfreesboro)的城镇,在那儿,我在中田纳西州立大学(Middle Tennessee State University)教书。生活平静平和。1971年3月25日,我回到公寓去吃午饭,边打开收音机收听达卡的新闻,一条简短的报道说,为了封锁反对巴基斯坦政府的所有政治活动,巴基斯坦军队已经进驻,独立运动领袖谢赫·穆吉布尔·拉赫曼(Sheikh Mujibur Rahman)逃亡了。

当时我正在换衣服。我停下来,冲过去拿起电话,拨通了在纳什维尔的齐勒·拉赫曼·阿塔尔(Zillur Rahman Athar)博士的号码。我要他打开收音机,并马上去联络他所认识的本地区所有孟加拉人。不到一小时我就赶到了齐勒的家。这时,那儿已经有纳什维尔地区的六个来自东巴基斯坦的孟加拉人了。我们开始从各种来源搜集新闻,关于那一局势还缺乏共识性的判断，但有一件事是很清楚的：巴基斯坦军队想要一劳永逸地镇压孟加拉。我们中有一个人支持保守的拥护伊斯兰的雅迈特党（Jamaat Party），他不断地说："我们真不知道发生了什么事，咱们再等等更多的详情消息吧。"

我不同意。"我们已经有了所有需要的详情。"我说，"孟加拉已经宣布了独立，现在我们必须决定，我们是否把自己看作这个新国家的公民。每一个人都有权选择。我宣布我的选择：我的选择是孟加拉。我宣布我忠于孟加拉，如果还有谁愿意加入我这一方，他有自由这样做。那些不加入孟加拉的，我会将他们看作巴基斯坦人，是我的国家的敌人。"

一片沉默。我那种提出效忠的方式使所有人都吃了一惊。我提议，我们组成孟加拉公民委员会，并马上拟了一份新闻稿，以供在纳什维尔的纸媒与无线、电视等媒体的传播。

我们决定了三件事：

1. 我们要争取会见当地所有电视台的新闻记者和当地日报的编辑们，将我们的决定阐述清楚，并寻求对孟加拉事业的支持。

2. 我们每人马上捐1000美元，建立一笔斗争基金。

3. 我们每月将工资的10%捐给这一基金，直到孟加拉独立。如果需要的话，我们会增加捐献的百分比。

大家都掏出支票簿来，或是从别人那里暂借，存上了基金的第一笔钱。

第二天，3月27日，我们和当地的电视台和报纸都约上了。我被选为孟加拉公民委员会的书记和发言人。当地的电视台都兴奋不已，它们很少有机会抢先报道国际性新闻，对于它们来说，我们代表着一个带有当地视角的爆炸性热门国际新闻。我是当地一所大学的教师，另外五个人是市立医院的医生，在此，我们宣布自己是一个尚未诞生的国家的公民。

那天下午我们再次聚集在齐勒家，观看当地的晚间新闻，电视完整地转播了对我的采访。那个采访者问道："你有什么话要向田纳西人说吗？"

"有。"我回答说，"请给你们的众议员和参议员们写信，要求立即停止对巴基斯坦的军事援助。你们的武器弹药正被用来杀死手无寸铁的无辜的孟加拉公民。请你们要求你们的总统，对巴基斯坦施加压力，停止在孟加拉进行种族灭绝的大屠杀。"

我们六个人政治倾向不同，社会经济背景也不同，但马上协调一致地采取了行动，这使我很高兴。现在我们想要知道，在美国的其他孟加拉人正在做什么。我们决定与巴基斯坦大使馆的孟加拉官员埃纳耶特·卡里姆（Enayet Karim）取得联系。他告诉我们一个重要消息：3月29日，将会在华盛顿地区的国会山举行一次示威，抗议巴基斯坦军队镇压平民。美国最大的孟加拉人团体会从纽约赶来。他敦促我们参加。

虽然我的医生朋友们由于他们在医院里的工作不能前往，但我宣布第二天就动身。我决定自费前往。如果在华盛顿有需要的话，我也可以动用我们已经募集的6000美元。

可我在华盛顿住在哪里呢？我谁也不认识。虽然我与埃纳耶特·卡里姆从未谋面，但他听上去很友好。为什么不试试呢？我又给他打了电话，问他是否介意我第二天去拜访他，他要我马上过去。他的好客令我感到惊喜。我想，是这场危机使所有的孟加拉人团结起来了。

我们用齐勒的大块头短波收音机监听着每一个电台，直到午夜。在新闻的间隙，我们吃着齐勒的美国妻子乔安妮（Joanne）提供的美食，推测着谢赫·穆吉布（Sheikh Mujib）*的境况。最后，消息传来，他逃离军队时在吉大港火车站被捕了（实际上他是在达卡的家中被捕的）。听到这个消息我们都落泪了。盼望由谢赫·穆吉布领导全国取得胜利的所有幻想都被粉碎了。巴基斯坦军队会对他怎么样？把他带回达卡，对他施火刑？绞刑？用酷刑将他折磨致死？

3月28日清晨，我动身前往华盛顿特区，傍晚时分到达了

---

* 1970年，巴基斯坦在军事政权下举行了一次大选，谢赫·穆吉布尔·拉赫曼（"谢赫·穆吉布"）领导的以东巴基斯坦为基地的阿瓦米联盟（Awami League）在国会赢得了压倒性的多数票。但是，几乎完全是由西巴基斯坦的军官与士兵组成的军队，拒绝让阿瓦米联盟组成政府。1971年3月25日，他们发动了一次军事镇压。东巴基斯坦人民做出的反应是：宣布东巴基斯坦独立，并抵抗巴基斯坦军队。这场为一个名为"孟加拉"的新国家的解放战争开始了。

埃纳耶特·卡里姆美丽的宅子。卡里姆太太也是土生土长的吉大港人,她热情地欢迎了我。那一天很忙碌,电话响个不停,有从当地打来的,有的是从一些遥远的巴基斯坦驻外使馆打来,或是一些孟加拉官员打来寻求政策方针的。置身在这兴奋激动的中心,我觉得自己是已经独立了的孟加拉国的一员。在卡里姆家的那些人们的心里,根本没有巴基斯坦的痕迹。

陶醉的同时,我注意到一个正在忙碌书写的表情严肃的男人,他是巴基斯坦驻联合国的常驻副代表S. A. 卡里姆(S. A. Karim)先生,他那天早晨刚从纽约赶来。随后,他想要大声朗读他写的东西,所有的人都围到他身旁。他刚刚起草了给各国政府首脑的呼吁书,敦请他们对巴基斯坦施加压力,停止在孟加拉进行种族灭绝的大屠杀。

我可不希望示威活动沦为一场蹩脚的表演,我不断努力想搞清楚到底是谁将负责第二天在国会山的活动,到底正在做着哪些准备工作?有没有谁在准备一些标语牌,以便在摄像机前举起呢?看上去,在埃纳耶特·卡里姆的宅子里没人知道这些事。我认为自己应该采取行动。我去商店买来一摞摞的彩纸、颜料和刷子,马上开始做花彩饰物,我在吉大港大学上学时早就学会干这活儿了。

沙姆苏尔·巴里(Shamsul Bari)赶到了。他在芝加哥大学教孟加拉文。我们在达卡上大学时只是点头之交,解放战争使我们亲密起来,在整个战争期间,我们携手并肩工作。

到了晚间，有更多的人聚集在埃纳耶特·卡里姆家里。一些人为他们在孟加拉的亲人们担忧，另一些人想得到有关达卡局势的更多消息，并想了解需要去做的事情。整整一夜，人们分析局势并确定了第二天的策略：首先，向所有的使馆和政府首脑发出一份呼吁书；其次，在国会山组织举行示威。卡里姆太太像对待她最亲密的朋友那样招待我们，端给我们热气腾腾的食物，她不时地咒骂着巴基斯坦军队，或是背诵泰戈尔的诗篇。

第二天，也就是3月29日的早晨，我被吵嚷声惊醒了，匆忙穿上衣服下楼跑到前厅。那个小房间里挤着五六个人，一个瘦骨嶙峋长着连鬓胡子的矮小男人正在大声训教卡里姆。

那个瘦小的男人举止非常无礼，不断责骂卡里姆和大使馆的其他官员为叛徒。房间里的其他人佩戴着印有醒目的"孟加拉"字母的徽章。

这些客人是从哈佛与波士顿的其他学术机构开车来参加国会山游行的，当他们发现孟加拉大使馆的官员们决定不参加游行时，他们勃然大怒。那个瘦小的男人不吝任何粗鄙的语言来攻击卡里姆。他名叫莫希丁·阿拉姆吉尔（Mohiuddin Alamgir），刚刚从哈佛获得博士学位，后来成了我的密友。我试图为招待我的主人辩护，解释说：大使馆的官员们与美国国务院的高官保持联络，从而能够得到真实情况的通报，保住我们在政府中的高官位置是个好策略，这样，巴基斯坦就不能任意行使其政府权力来对付东巴基斯坦的孟加拉人民了。

阿拉姆吉尔不同意我的意见，说这只不过是那些不想参加解放事业、只想保住自己舒适生活的胆小鬼的"甜言蜜语"。这一会面以僵持不下而告结束，直到8月4日，巴基斯坦驻美大使馆的孟加拉外交官员们才终于宣布脱离巴基斯坦，加入孟加拉的逃亡政府。

那天下午，我们聚集在美国国会山的台阶上举行示威。孟加拉人从四面八方赶来，来自华盛顿、纽约和底特律的人最多。我十分惊奇地看到，有那么多底特律的工厂工人都来自孟加拉的锡尔赫特地区（Sylhet District）。

没有人确切地知道要做什么，要去什么地方。没有得到官方的集会游行许可之前我们无法开始。当沙姆苏尔·巴里带着必需的许可终于赶到时，我们还在那儿费神琢磨如何把自己组织起来呢。我扯开喉咙喊叫着："这是我们的头儿，大家在他后面排起队来，开始咱们的示威游行吧！"

居然神奇地奏效了。在国会山的台阶上示威可是一件大事，我们受到了美国立法者们的关注。国会的助手们听取了关于局势和我们的要求的简报。新闻媒体尤其活跃，摄像机追踪报道集会的情形，并在现场进行采访。

那天晚上，我们都聚在大使馆的另一名官员经济参赞A. M. A. 毛希思（A. M. A. Muhith）先生的家中，就孟加拉人在美国各种活动的协调和孟加拉裔外交官应立即转变立场的问题，展开了激烈的辩论。那天清早伊始的大喊大叫，又在这个大聚会中更加激烈地重复着——孟加拉人的外交官为什么不立即脱离巴基斯坦使馆？我们在晚餐后离去了，心里已经明白，我们必须找到一种途径来协调所有在美国的孟加拉人的活动，并且确信，那些孟加拉人外交官不能为我们提供我们所需要的领导作用。我也开始怀疑外交官们是否还应该继续和巴基斯坦人待在一起。

3月30日，沙姆苏尔·巴里和我负责去拜访所有的大使馆，会见各国大使或他们的代表，阐释我们的事业，要求各国承认孟加拉为一个独立国家。那是非常有意思的经历。我们在一天之内拜访了许多大使馆，每个大使馆接待我们的方式都有所不同，但是有许多共同的问题：你们代表什么人？你们有一个基于美国的组织吗？如果你们没有一个政府的话，我们又怎么能"承认"你们的国家呢？有外国政府在支持你们吗？你们的外交官在美国持什么立场？他们支持你们吗？他们打算什么时候公开站出来？想要独立为孟加拉国的人究竟占"东巴基斯坦"人口多大比例？

只有一个问题使我们不知所措："你们有一个自己的政府吗？"

巴里和我决定，我们必须马上成立我们自己的政府，但是，身在华盛顿，如何能在孟加拉建立一个政府呢？我有个主意：我可以飞到加尔各答去，找几个人组成一个内阁，向全世界宣布，一个孟加拉国的政府已经成立了。于是我们就会既有一个国家,也有一个政府了。巴里很喜欢这个主意。我们决定,我第二天就飞往加尔各答。

  我想到另一个至关重要的策略——建立一个孟加拉人的广播电台,这样,孟加拉国内的人民就可以知道正在发生的事以及他们需要采取的行动了。我想,应该在一辆可移动的车辆上架设一个无线电发射器。它将在孟加拉境内广播,一旦受到巴基斯坦军队的追击,就可以移动到印度边境一边。我有6000美元,应该够买一个发射器的预付款了。

  我们还向一些大使馆提出了特别的请求。在缅甸大使馆,我们要求缅甸向那些逃避巴基斯坦军队的人开放边境,我们会募集资金去资助孟加拉难民。在斯里兰卡大使馆,我们要求斯里兰卡拒绝飞行于孟加拉与巴基斯坦之间的所有巴基斯坦军用与民用飞机着陆。众所周知,巴基斯坦用民用飞机将军人与装备弹药从卡拉奇运到达卡。在印度大使馆,我们得到了高级外交官的礼遇,那儿的官员们想了解巴基斯坦大使馆中孟加拉人外交官的情况,想了解我们的领导人的下落,还想了解我们是否已经以美国为基地建立了组织。我们要求印度向难民开放边境,允许逃亡的孟加拉人自由进入加尔各答,并且对持巴基斯坦护照的孟加拉人放宽签发赴印签证。

  那天晚上,我们又兴奋地讨论了如何建立一个政府的问题。我们稍稍变动了一下早先的计划,决定M. A. 哈桑(M. A. Hasan)马上动身去加尔各答与阿加塔拉(Agartala),与那些孟加拉逃亡政治领袖取得联系。然后他通知我去和他会合，建立新政府。

那天晚上，巴基斯坦大使阿迦·希拉利（Aga Hilali）来埃纳耶特·卡里姆家做礼节性拜访，当时我们正在用晚餐，我们几个人连同食物一起，被匆忙推进了一个顶楼的房间。我们在那儿一声不出地静悄悄坐了两个小时，这样，那位大使就不会知道他的孟加拉人同事的家中正藏匿着三个反对其国家的活动家了。

第二天，哈桑按计划动身前往加尔各答和阿加塔拉。他从加尔各答发来的电讯很辛酸，他对那些领袖表示失望，并劝我不要去。不久，穆吉布纳加尔政府（Mujibnagar government）成立了。在美国与加拿大的孟加拉人集中精力开展运动，争取孟加拉国为世界所承认，并呼吁停止对巴基斯坦进行的军事援助，恢复谢赫·穆吉布的自由。

在内科医生穆罕默德·阿拉姆吉尔（Mohammad Alamgir）博士的领导下，孟加拉人美国联盟在纽约成立了；在芝加哥，F. R. 汗（F. R. Khan）博士创立了孟加拉人抵抗联盟，汗博士是一名孟加拉裔建筑师，芝加哥的希尔斯大厦（Sears Tower）就是他设计的。沙姆苏尔·巴里成为那个组织的总书记。他出版了第一期《孟加拉时事通讯》（Bangladesh Newsletter）。我从他那里接手了这项工作，定期从我在纳什维尔的帕拉龚坊（Paragon Mills Road）500号的寓所出版这份时事通讯。寓所变成了一个通信中心，电话终日响个不停，人们从北美和英国打来电话，所有孟加拉人都想了解有关战事的每日最新消息。

由于在华盛顿的孟加拉人的努力，还建立起了孟加拉人信息中心，对参众两院进行游说。我负责信息中心创始初期的运作，然后，我就上路了，到全美国各地的大学组织校园研讨会。

在随后的九个月里，我们为未来的孟加拉描绘出了一幅非常清晰的图画。我们想要坚持民主制度，我们想要确保人民自由公正地选举的权利，想要确保人民摆脱贫穷。我们梦想一个庄严地树立在世界各国之林的繁荣昌盛的国家，其所有的公民都快乐幸福。

1971年12月16日，孟加拉赢得了独立战争。这场战争付出了沉重的代价。三百万孟加拉人丧失了性命，为了躲避战乱，一千万人逃亡到相邻的印度，还有数以百万的人遭到了巴基斯坦军队的强奸与其他暴行的残害。战争结束时，孟加拉变成了一个千疮百孔的国家，经济被摧毁了，成百上千万人无家可归。

我知道，我必须回去参与祖国的建设。我认为，我要为自己这样做。

第三章

回到吉大港

1972年我回到孟加拉就得到了一个响亮的头衔,被派到政府计划委员会工作。我的工作很没意思,除了看报整日无事可做。在向计划委员会主任努尔·伊斯兰(Nurul Islam)多次提出抗议之后,我终于辞职了,去吉大港大学做经济学系主任。

吉大港大学位于吉大港市以东20英里,占据着1900公顷贫瘠山地。这所大学是20世纪60年代由孟加拉一位首屈一指的建筑师设计建造的,外表给人深刻的印象。大楼完全以裸露的红砖建造,走廊开敞,房间宽大。但是,尽管这些现代建筑令人观感舒服,却很不实用。例如,我到那里时每个系的系主任都有一间巨大的办公室,但是其他教师根本没有办公的地方。作为经济系主任,我最先做的事情之一,就是将我的办公室改造成我的同事们的公共休息室。奇怪的是,这使得同事们都感到不舒服。他们觉得系主任有一个大房间是理所当然的,哪怕其他人根本没有坐的地方。

当时大学的处境很困难，教师们抵制升级考试，他们指责学生抄袭书本，或互相抄袭。许多学生曾加入解放军（Mukti Bahini），刚从战争中归来。他们带着枪，威胁说如果不马上宣布考试结果，就要伤害教师。

当时，我和父母一起住在城里。父亲准许我每天开他的车到郊区的校园去上班，每天都经过位于高速公路与校园之间的乔布拉村。我注意到村子周围那些贫瘠的土地，便问同事H. I. 拉蒂菲（H. I. Latifee）教授，为什么这些土地上没种上冬季的庄稼。他也不知道，我就提议去问问村民，结果发现，没有用于灌溉的水。

我认为我们应该就这些闲置的土地做些什么。任由一所大学周围的地荒着是件令人羞耻的事。如果说大学是积蓄知识的地方，那么这些知识中应该有一些被用于造福于邻里。一所大学绝不应是一个孤岛：在其中学术造诣越来越高，却不与人分享。

我们的校园面对着一道山脉，每天早晨，我可以从教室看到小伙子、小姑娘、男人和耕牛，川流不息地穿过校园向群山走去。他们扛着锋利的砍刀，日落时分，满载柴火树枝归来。我突然想到，大学应该将那些荒山转变为多产的庄稼地，这会给大学带来额外的收入，给村民带来就业机会，大而论之，为国家出产粮食。

我对那个村庄本身也越来越好奇。在学生的帮助下，我启动了一个调查乔布拉村经济状况的项目。我们想搞清楚，村里有多少个家庭拥有可耕种土地？他们种什么庄稼？没有土地的人如何谋生？这些村民有什么技能？他们要改进自己的生活有什么障碍吗？有多少家庭的耕作能够全年口粮？有多少不能？哪些人贫穷？

对于贫困起因的分析，多将重点放在为什么一些国家会贫穷上面，而非着眼于为什么人口中的某一部分会生活在贫困线以下。对于社会问题敏感的经济学家们强调，穷人缺乏"应得的权利"。当时，我对于饥馑还没有什么概念，在以后的二十二年中我才逐渐发现：出色的经济理论家是不屑于花时间探讨贫穷与饥饿的问题的。他们认为，当经济总体繁荣时，这些问题就会迎刃而解了。这些经济学家将他们的才能都用在详解发展与繁荣的进程上，而很少反映贫穷与饥饿的根源与发展，结果是，贫穷持续存在。

1974年，随着饥荒不断恶化，我心中的不安日益加剧，我终于无法忍受了，去见了大学的副校长。阿布·法扎尔（Abul Fazal）是一位著名的社会评论家与小说家，被很多人看作这个民族的良知。他很礼貌地接待了我。

"尤努斯，我能为你做什么吗？"他问道。头顶上的电扇慢慢地转动着，蚊子嗡嗡作响，仆人送来了茶。

"许多人正在饿死，可是所有的人都怕谈到这件事。"我回答说。

阿布·法扎尔点点头,"你有什么建议吗?"

"您是一位深受尊敬的人。我想请您向新闻界发表一项声明。"

"噢,但声明什么呢?"

"号召全国和国家的领导们一起协力度过饥荒。我肯定,如果您领头的话,学校里所有的教师都会在您的信上签名,那将会有助于动员起全国的舆论来。"

"对呀,"他啜了一口茶,说道,"尤努斯,你来写那个声明吧,我签字。"

我笑了:"您是作家,您当然知道如何措辞这项声明。"

"不,不,你来写,尤努斯。你对此事充满激情,你知道该说什么。"

"可是我只是一个经济学教授啊。这份文件应该是一份发起运动的呐喊,应该具有能够唤起人们行动的分量。"

我越坚持说他是唤起全国人民关注饥荒的最佳人选,阿布·法扎尔就越是鼓励我来写这封信。他如此坚持他的观点,我别无选择,只好许诺去试试。当天晚上我起草了一份声明书。第二天上午我将那份草稿拿给副校长,在他阅读时,我等候着。

阿布·法扎尔看完之后,伸手去拿笔,说道:"我该在哪儿签名?"

我吃了一惊:"但是,我措辞激烈。也许你会想做些修改,或是提出其他想法吧?"

"不，不，不，它非常好。"他说。说着，他就在上面签了字。

我没说的了，也在那份文件上签了字，并复印了一些送给其他的教职员工。一些教师对某些词语提出了异议，但是由于副校长已经在上面签了名，他们最终也都同意了，在声明上签了自己的名字。我们当天晚上把它送到报社，第二天，声明就刊登在所有重要报纸的头版头条上。

我们的声明引发了连锁反应，尚未公开表示要与饥荒抗争的那些大学与公共团体，都纷纷响应了我们的号召。而我则开始将所有努力集中在农业上。很显然，拥有3500万公顷的疆土，人口非常稠密的孟加拉，迫切需要增加粮食产量。我们有2100万公顷可耕地，在雨季主要生产稻子和黄麻，如果在干燥的冬季扩展灌溉，提高水管理，就能够增加粮食产量。专家们估计，目前的粮食产量只达到我们的粮食生长潜力的16%。

我决定，我要去帮助乔布拉的村民们种出更多的粮食，以此来进行小范围的试验。但如何去做呢？增加单位生长周期的产量，还是在单位土地增加粮食种植周期？我不是一个农学家，但我潜心研究了当地的低产稻与在菲律宾开发出的一些更高产的品种。一开始，农夫们觉得我的发现挺可笑。但当他们看到我是多么认真，就同意让我在他们的地里种植那种高产稻了。我的学生与其他大学教师也作为志愿者加入进来。我们向村里的农夫讲解间隔下种与直线栽种对于提高收成的重要性。当时的报纸刊登了我们的照片,我们齐膝站在泥里,正在教当地农民如何使用一根线来保证稻子栽种成直线。许多读者对我这种身体力行的方法很看不起。

尽管人们持怀疑态度,我还是继续努力,通过倡导一个名为"吉大港大学乡村开发规划(CURDP)"的大学项目,试图在学术与乡村之间建立起联系。通过CURDP,我鼓励学生和我一起投入到那个村子里,设计出一些创造性的方法来改进那里的日常生活。至此,为了手递手、人与人之间的交流,我已经几乎完全放弃了传统的书本教学。学生也可以基于其在村子里的经历做研究报告的选题,可以得到学分。

1975年冬天,我集中精力解决灌溉的问题,以便能多种一轮冬季农作物。我知道,在季风雨季,几乎每平方米的土地都被耕作利用,连荒原沼泽也被用来种稻养鱼。然而所有土地在冬季都完全闲置。为什么不增种一季冬季作物呢?我每天都会看到一口闲置在没有耕种土地中间的深管井(tubewell)。那是干旱的冬季,在这个季节,管井本该忙着浇灌新的作物。但什么都没有做。那口管井就在那儿,崭新的,没有用过。

我问那口管井为何闲置不用,得知农夫们用水是要付钱的,但是,在上一个旱季,他们因为收钱的问题打了起来。自那时起,他们就再也不理会这口深管井了。

这让我觉得是极大的憾事。在一个饥荒严重的国家里,这儿有一口300英尺深、能灌溉大约60公顷土地的管井——泵井——却白白地闲着。我决定要使这口管井重新工作起来。

那并非易事。在所有实际通行的灌溉方式中，深管井耗资最多。由于高昂的运行费用，其运行效益不高，并给那些插手柴油、润滑油和零件的人带来肆意贪污的机会。要使这口深管井有效地工作，就需要一个有效的送水体系。换言之，需要众多小农户就其各自零星的土地达成统一的耕作决定，农夫在肥料使用、作物保护、水泵维修护养等方面也都需要指导。不幸的是，虽然政府在现代灌溉技术设施上做了大量投资，但对技术所带来的这些以人为中心的问题，却并没有投入必要的时间、资源或努力。由于反复出现的管理问题与技术方面的故障，农夫不愿意重开他们的管井。结果，在孟加拉修造的管井几乎半数都没有使用。被弃置的泵房中，那些正在生锈的机器成为开发失误的又一个例证。

在乔布拉村，我召集当地农夫与佃农开了一个会。我提出做一项试验，我们都加入一个名为"新时代"（Nabajub）三方共享农庄的新型农业合作社。土地拥有者的贡献是，让合作社在旱季使用他们的土地，佃农的贡献是他们的劳动力，而我的贡献是，提供运作深管井所需的燃料费用、高产稻的种子费用、肥料费用、杀虫剂费用和实用技术知识。作为交换，这三方中的每一方（农夫、佃农和我本人），各分享收成的三分之一。

一开始，村民们对我的提议持怀疑态度。管井操作者与农夫之间积怨甚深，互不信任，所以他们根本听不进我的计划。有人争辩说，付给我三分之一的收成太多了。尽管我主动提出由我来承担所有可能的损失，我的提议还是没能引起他们的兴趣。

在一周以后的第二次会议上，我终于让他们相信：他们什么也不会损失。他们事先不必付任何费用，就能得到灌溉用水、肥料、种子和杀虫剂，而只需同意将他们收成的三分之一给我。穷苦的佃农们热情地欢迎我的提议，那些日子过得相对好一些的农夫们则勉强同意一试。

对我来说，这是一段艰难的日子。夜里我经常睡不着觉，总担忧会出什么岔子。每周二的晚上，我都去走访那些农夫，并和我指定的四个学生"小组负责人"及我的十三人顾问小组一起正式开会，讨论肥料、灌溉、技术、储藏、运输和销售等各类问题。

头一年的努力以成功而告结束。农夫们很高兴：他们根本没花一分钱，还获得了很高的收成。然而，由于一些农夫没有按承诺将收成的三分之一给我，我赔了13000塔卡。但我还是很高兴。我们设法在从未在旱季有过产出的地方收成了庄稼，这些土地长满了绿油油的稻子。没有什么如同农夫们收割稻谷的景色这样美丽，这景象温暖了我的心。

* * *

但我还是有一些忧虑。三方共享试验的成功突出了一个我以前未曾重视的问题。一旦稻子收割，就需要劳动力来把稻米从干穗上脱粒。把这种不用脑子、让人厌烦的工作交给最廉价的劳力——那些走投无路、濒临乞讨的赤贫妇女。这些穷苦的妇女一连几个小时用双脚将稻米脱粒，紧抓她们面前墙上窄小的墙檐，以使自己保持直立。二十五到三十个妇女整天持续这种不停扭曲的动作，用她们的双脚扭缠着稻穗，来将稻子脱粒。清晨，她们会飞跑去上工，抢占靠墙舒服一点儿的位置。一种多么可怕的生活呀——投入你全身的重量，用你的赤脚，一天十小时做着枯燥疲倦的动作，只挣40分钱！这些妇女中许多是守寡的、离婚的，或是被遗弃还带着需要抚养的孩子的，她们穷得连佃农都当不上。她们没有土地，没有财产，没有任何希望。她们是穷人中最穷的。我看得很清楚，一个农夫越富有，他从我的三方分享农作的试验中所得的越多；一个工人越穷，得到的收入就越少。"我们怎么会因为你的三方共享农作感到高兴呢？"一个妇女对我说，"干几周的脱粒之后，我们就失业了，也就再没有什么可指望的了。"她说的对。如果有经济来源去买脱粒机自己操作的话，一个妇女从同样的工作中至少能挣四倍的工钱。

随着对乔布拉村贫困状况研究的深入，我越来越认识到，将赤贫的穷人与勉强为生的农夫加以区分是很重要的。国际上一些乡村开发规划总是将重点放在农夫和地主身上，而在孟加拉，总人口的半数以上都够不上勉强为生的农夫的水平。在我研究乔布拉村时，政府官僚们与社会科学家们还没有阐明"穷人"到底是指哪些人。当时，"穷人"可能有许多含义。对一些人来说，这个词指失业者、文盲、没有土地的人，或是无家可归的人。对另一些人来说，"穷人"是指那些不能使他或她的家人全年吃饱饭的人。还有另一些人认为，"穷人"是住在茅屋顶的烂房子里的人，营养不良，或是没送他或她的孩子去上学的人。这种概念上的含混不清大大地破坏了我们为消除贫困所做的努力。举个例子，大多数对穷人的定义都将妇女与儿童排除在外。我从工作中发现，使用有关"穷人"的三个广义界定来描述孟加拉的状况是很有用的*：

1. 人口最底层的20%（"铁杆穷人"/绝对的穷人）；

2. 人口最底层的35%；

3. 人口底层的50%。

在贫穷的各个界定范畴里，我经常以地区、职业、宗教、种族背景、性别、年龄等做一些子分类。职业或地区的分类可能不像收入标准那样可以量化，但它帮助我们建立了一种认识贫穷的多维矩阵。

如同在未知的水域设立航标一样，对于贫困的界定必须是明确而毫不含混的。一种不准确的界定与根本没有界定一样糟糕。在我对穷人的定义里，我将三方共享农作规划中的那些脱粒的妇女包括进去，把那些做竹凳的妇女包括进去，把那些不

---

* 1995年，救助最穷人咨询小组（CGAP, Consultative Group to Assist the Poorest）与小额贷款高峰运动委员会终于将"穷人"定义为"生活在贫困线以下者"，将"最穷人"定义为那些"生活在贫困线以下者中的下半部分"。

得不借每月甚至每周10%利息的高利贷的小商贩包括进去。我还要把其他一些人包括进去，诸如那些靠编制篮子、睡席的微薄收入依然难以为生，而不得不经常乞讨的人。这些人毫无机会改进其经济基础，他们深陷在贫困之中。

*　　*　　*

在乔布拉村的深管井经历使我将注意力集中到没有土地的穷人身上。很快，我开始探讨：一个减轻贫困的规划究竟是否应该允许非穷人搭车——穷人很快就会被那些日子好一些的非穷人挤出去的。在世界发展的过程中，如果某个规划将穷人与非穷人混在一起，除非在一开始就设立一些保护性措施，否则非穷人总会把穷人赶走，不那么穷的人会把更穷一些的人赶走。那么，非穷人就会攫走所有那些以扶贫为名义所做努力中的实际利益。

第四章

乔布拉村做竹凳的匠人

1976年,我开始走访乔布拉村中一些最贫困的家庭,想看看是否能有任何方式直接帮助他们。这个村分为三个地段,分别聚居着穆斯林、印地教徒和佛教徒。走访佛教徒地段时,我会带着我的学生迪帕尔·钱德拉·巴鲁亚(Dipal Chandra Barua)一起去,他就是在这个地区土生土长的。还有我的同事H. I. 拉蒂菲教授常陪我一起去,他认识那里的大多数家庭,并天生有一种能使村民们感到自在的本事。

一天,拉蒂菲和我去乔布拉村做例行询问时,我们在一个低矮的茅屋前停了下来,泥墙已经坍塌,茅草屋顶千疮百孔。我们从一群正在觅食的小鸡与种着蔬菜的畦间穿过,向房子走去。一个女人蹲在门廊肮脏的地上,双膝紧紧夹着一个做了一半的竹凳。她全神贯注地埋头工作,手指飞快地动作着,编织那些执拗的竹条。

听到拉蒂菲的问候,她忙放下竹器,站起身,匆匆走进屋子。

"不要怕,"拉蒂菲冲她叫道,"我们不是陌生人。我们在大学里教书,咱们是邻居。我们只想问你几个问题。"

拉蒂菲礼貌的态度使她放下心来,她低声回答:"家里没人。"

她的意思是,家里没有男人。在孟加拉,妇女是不应该和非近亲的男人说话的。

孩子们赤裸着在院子里到处跑。邻居们从窗口窥视着我们,想知道我们在做什么。

在乔布拉村穆斯林居住的地段,我们经常不得不隔着竹墙或竹帘和妇女说话。实际上,遮蔽习俗(*purdah*)使已婚的穆斯林妇女始终处于与外界隔绝的状态。吉大港地区一直严格遵守着这一习俗。

我在吉大港土生土长,会说本地方言,总是努力通过聊天赢得穆斯林妇女的信任。向一位母亲夸赞她的孩子,往往能很自然地使母亲感到自在。于是我抱起身旁一个赤裸的孩子,但他哭了起来,向母亲身边冲过去。她任他爬到自己怀中。

"你有几个孩子?"拉蒂菲问她。

"三个。"

"这个孩子长得很好看。"我说。

这位母亲稍稍安下心来,抱着孩子向门口走来。她二十出头,瘦瘦的,黝黑的皮肤,黑眼睛。她穿一件红色的纱丽,目光里是一个每天从早到晚劳作的妇女的那种疲惫。

"你叫什么名字?"我问。

"苏菲亚·贝格姆(Sufiya Begum)。"

"你多大了?"我问。

"21岁。"

我并没有拿出笔和小本子来记录,我怕那会吓着她。我只允许我的学生们在回访时做记录。

"这竹子是你自己的吗?"我接着问道。

"是的。"

"怎么得来的呢?"

"我买的。"

"这竹子花了你多少钱?"

"5塔卡。"当时,这相当于22美分。

"你有5塔卡吗?"

"没有,我从派卡(paikars)那儿借的。"

"那些中人?你和他们是怎么说定的?"

"我得每天把竹凳卖回给他们,算作还款。"

"你一个凳子卖多少钱?"

"5塔卡50波沙(poysha)。"

"那么你就挣50波沙的利了?"

她点点头。那只有大约2美分。

"你能从放债人那儿借现金来买你的原材料吗?"

"能，但放债人会要很多。和他们打交道的人都变得更穷了。"

"放债人要收取多少利息？"

"看情况。有时他要每周10%，但我有个邻居，要每天付10%。"

"而那就等于是你用这些漂亮的竹凳挣的所有钱，50波沙，对吧？"

"对。"

苏菲亚不想再浪费时间讲话了。我注视着她又开始工作，她棕褐色的小手编织着那些竹枝，她成年累月地这样做，这是她的生计。她光脚蹲在硬泥地上。她的手指长了茧子，指甲里带着黑色的污泥。

她的孩子们如何能挣脱自她而始的贫困循环呢？苏菲亚的收入几乎不够她自己吃的，更不要说使她的家人有适当的居所和衣着，那么孩子们又怎么去上学呢？简直不可能去想象某一天她的小孩子有可能逃脱这种惨境。

苏菲亚·贝格姆一天只挣2美分，这使我震惊。在大学里的课程中，我对于成百上千万美元的数额进行理论分析，但是在这儿，就在我的眼前，生与死的问题是以"分"的单位展示出来的。什么地方出错了？！我的大学课程怎么没有反映苏菲亚的生活现实呢？我很生气，生自己的气，生经济学系的气，还有那些数以千计才华横溢的教授，他们都没有尝试去提出并解决这个问题，我也生他们的气。在我看来，是现存的经济制度注定了苏菲亚的收入将永远只能在如此低的水平，她永远也攒不下一分钱，永远不可能有任何投资来扩展她的经济基础。她的孩子注定将像她和她的父母一样，继续过着赤贫的生活，食不果腹，勉强维生。我以前从没听说有任何人会由于缺少**22美分**而受苦，在我看来，这是不可能的，是荒谬的。我是不是该立即把手伸进口袋里，把苏菲亚需要作为资本的那一丁点儿钱交给她呢？那是十分简单且轻而易举的事。而我克制住了这个冲动。她并不是在要求施舍。况且，送给一个人22美分并不能长久地解决问题。

拉蒂菲和我开车回到我山上的家。我们在傍晚的溽热中在花园里散步。我试图以苏菲亚自己的视角去看待她的问题。她受苦是因为买那些竹子要花费5塔卡，而她没有购买原材料所需的现金。结果，她只能在一个绷紧的循环中——从商人那儿借钱，并把东西卖回给他——维持生存。她的生活是一种受制约的劳作形式，或者干脆地说，就是奴役。那个商人算计得很精，只付给苏菲亚刚刚只够购买原材料和勉强够活下去的钱。她无法挣脱被剥削的那种关系。要生存下去，她就只能通过那个商人继续劳作下去。

在第三世界里，高利贷变得如此标准化和广为流行，以至借贷者很少意识到，那是一种多么强制蛮横的契约。剥削在各种伪装下进行着。在孟加拉的乡村，在耕种季节开始时所借的1

莫恩德（1 *maund*，大约37公斤，印度及部分中东国家使用的重量单位）带壳的稻子，到收割时必须要还2莫恩德。土地被用于质押时，将任由债权人处置，债权人可以在完全还清借款以前一直拥有对土地的所有权。在许多情况下，一种诸如"保南纳马"（*bawnanama*）的正式文件保证了债权人的权利。根据该文件，债权人通常拒绝接受对于借贷的部分偿还，在规定的偿还期限之后，债权人可以按事先商定的"价格""买"断这块地。另一种抵押担保形式是"达丹"（*dadan*），契约确保商人借出的贷款可以事先商定的低于市场的价格收购将来的农作收成。苏菲亚·贝格姆就是在与放贷人之间的一个"达丹"契约的制约之下，来制作她的竹凳的。

在孟加拉，有时借贷是为了一些特别的或暂时性的目的（比如嫁女儿啦，贿赂官员啦，打官司啦），但有时就只是为了活下去——买食物、药品，或是应急。在这种情况下，借贷者很难摆脱借贷的重负拖累。通常，借贷者不得不再次借贷以偿还以前的借款，最终就会像苏菲亚那样深陷于贫困的循环中。在我看来，苏菲亚只有找到5塔卡来买她的竹子，她作为契约奴隶的地位才可能改变。信用贷款可以给她带来那笔钱。然后她就可以去自由市场上出售她的产品，向消费者直接收取全额的零售价。她只需要22美分。

第二天我给梅姆娜·贝格姆（Maimuna Begum）打了电话，她是为我收集资料的大学生，我请她帮我将乔布拉村像苏菲亚这样依赖放贷者的人开列一个名单。一周之内,我拿到了一个列有四十二个人名的清单,借款总额为856塔卡——不到27美元。

"我的天,我的天啊,所有这些家庭如此受苦受难,就只是因为没有这27美元!"我惊叫道。

梅姆娜站在那儿,什么也没说,这一现实令我们难过。

我的头脑是不会听任这个问题就此存在的。我想要帮助这四十二个身强力壮、刻苦劳作的人。就像念念不忘一根骨头的狗,我围绕着这个问题不断地钻研。像苏菲亚这样的人如此穷困,并不是因为他们愚蠢或懒惰,他们整天从早干到晚,做着一些复杂的体力工作。他们穷,是因为这个国家的金融机构不能帮助他们扩展他们的经济基础,没有任何正式的金融机构来满足穷人的贷款需要,这个缺乏正式机构的贷款市场就由当地的放贷者接管了。它是一个有效的输送体系,在通向贫穷的单行道上形成滚滚洪流。但是,如果我能把那27美元借给乔布拉的那些村民,他们就可以把他们的产品出售给任何人,从而以他们的劳动得到最高的回报,而不受制于商人和高利贷者的盘剥了。

原来一切是那么容易。我将27美元交给梅姆娜,告诉她:"给你,把这钱借给名单上的那四十二个村民。他们可以把放贷者的钱还清,把他们的产品卖个好价钱。"

"他们应该什么时候还给你呢?"她问道。

"在他们还得起的时候,在他们卖自己产品最有利的时候,什么时候都行。"我说,"他们不必付任何利息,我不干借贷者一行。"

梅姆娜去了。事态的发展使她疑惑不解。

*　　*　　*

通常,头一碰枕头我几秒钟就睡着了,但那天晚上我睡不着。躺在床上,我为自己竟是这样一个社会的一分子而感到羞愧,这个社会竟然不能向四十二个有技能的人提供使他们能够自己谋生的区区27美元。我知道自己所做的是极为不够的,这令我无法安枕。如果其他人需要资本的话,他们几乎没可能追寻到我这个经济系的主任。我所做的是针对这一特定事件的冲动反应。现在,我需要创立一种这些人可以依赖的机构性的解决方法,一个能够借钱给那些一无所有者的机构。我决定去找当地银行的经理,要求他的银行借钱给穷人。事情看上去是如此简单和直截了当,我睡着了。

第二天上午,我爬进我的白色大众"甲壳虫",向当地贾纳塔银行(Janata Bank)的分行驶去。贾纳塔是一家国有银行,是全国最大的银行之一。贾纳塔银行设在大学的分行就在校园大门外的一条街上,那条路上满是小铺子、小摊和小餐馆,当地村民在那儿向学生们出售槟榔果、热饭、笔记本、笔等各色东西。那些拉人力车的都聚在这儿,等着把学生们从宿舍拉到教室去。银行分行设在一个方形的单间里,前面的两个窗户装了栅栏,墙被刷成暗绿色,房间里摆满了木制桌椅。坐在房间左后面的经理向我挥挥手。

"先生,我能为您做什么吗?"

办事员端来了茶和饼干。我解释了我造访的原因。

"上次我从您这儿借钱是为了乔布拉村的那个三方共享项目筹资。现在我有一个新的建议,我想请您借钱给乔布拉的穷人。涉及的数额非常之小,我本人已经那样做了,我借给四十二个人27美元。还会有许多穷人需要钱的,他们需要钱去买原材料和必需品作为启动资金。"

"什么原材料啊?"那个银行负责人茫然不解,仿佛这是某种新的游戏,而他完全不熟悉游戏的规则。出于对一个大学负责人的一般性敬意,他让我讲完了,但是显然没有理解。

"嗯,有些人做竹凳,还有一些人编织地席或是拉人力车。如果他们能以商业利率从一家银行借钱的话,他们就可以在自由市场上出售他们的产品,挣到像样的利润,从而能过上好一点的生活。而现在,他们只能像奴隶一样劳动,永远无法摆脱被那些批发商踩在脚下的生活,那些人以高利借给他们资本。"

"是,我知道放贷人(*mahajons*)的事。"那个经理回答说。

"所以我今天到这儿来,我想请您借钱给这些村民。"

那个银行经理咧开嘴巴大笑起来:"我做不到!"

"为什么?"我问道。

"嗯——"他结巴着,不知道从何开始来解释他一系列的反对理由。"就说一件事吧,你所说的这些村民需要借的这一点点钱,甚至都不够他们必须填写的所有那些借贷文件的费用呢。本银行是不会在这样的微小数额上浪费时间的。"

"为什么不能呢?"我说,"对于穷人来说,这钱对于他们的生存可是至关重要的。"

"这些人是文盲,"他回答道,"他们甚至连我们的贷款表格都不会填。"

"孟加拉有75%的人都不会读写,要求填表是一种荒谬的要求。"

"这个国家中的每家银行都有这项规定。"

"噢,那说明了我们银行的一些问题,对吧?"

"即使当一个人到银行来想存钱,我们也要求他或她把想存多少钱写下来。"

"为什么?"

"您的'为什么'是什么意思?"

"噢,一家银行为什么不能就收下钱,开出一张写着'从某某人那里收到多少多少钱'的收据呢?银行为什么不能那样做呢?为什么必须是存钱者来做呢?"

"如果没有会读会写的人,银行怎么能开下去呢?"

"很简单,银行为收到的现金数额开出一张收据,这就解决了。"

"可如果那个人想取钱呢?"

"我不知道……一定有一种简单的方法。那个借钱者带上他或她的存款收据,交给出纳员,出纳员就把那笔钱还给他。至于银行用什么样的会计制度,那是银行的事。"

经理摇摇头,但他仿佛不知道从哪儿说起,没有接话。

"在我看来,你们的银行制度就是为歧视文盲而设立的。"我反击说。

那个分行经理看起来很恼火了:"教授,银行业并不像您想得那样简单。"

"也许是这样,但我也确信,银行业不像你们搞成的那样复杂。"

"你看,一个简单的事实是,在这个世界任何地方的任何银行,借款者都必须填写表格。"

"好吧,"我说,对这件显而易见的事表示屈从,"如果我能让我的一些学生志愿者为村民们填写表格的话,那就不该成为一个问题了。"

"但是您还不明白,我们就是不能把钱借给赤贫者。"分行经理说。

"为什么不能?"我努力保持礼貌。我们的会话中有某种超现实的东西。分行经理面带微笑,好像是说,他明白我是在和他开玩笑呢。整个会见很滑稽,也实在很荒谬。

"他们根本没有抵押担保品。"分行经理说,期望就此结束我们的对话。

"只要你能把钱收回来,你们为什么需要抵押担保品呢?收回钱才是你们真正想要的东西，对吧？"

"对，我们想要把钱收回来。"那个经理解释说，"但同时我们也需要抵押担保品。那是对我们的保证。"

"对我来说，这讲不通。那些穷到极点的人一天工作十二小时。他们需要卖掉东西，挣来钱买食物。他们肯定要还你的钱，只是为了再借一笔，再活一天！那是你们能得到的最好的保证——他们的生命！"

那个经理摇摇头："您真是个理想主义者，教授。您生活在书本理论中。"

"但是，如果你们有把握那钱会被偿还时，你们为什么还非得需要抵押担保品呢？"

"这是我们银行的规章制度。"

"那么只有那些有抵押担保品的人才能借钱了？"

"是的。"

"这是很愚蠢的规章。它意味着只有有钱人才能借钱。"

"规章不是我定的，是银行定的。"

"好吧，我认为这些规章应该改。"

"无论如何，我们这儿不能把钱借出去。"

"你们不借？"

"是的，我们只接受教职员工和大学的存款。"

"但是银行不要通过放贷挣钱吗？"

"只有总行才放贷。我们这儿是接受大学及其员工的存款的。我们给您的三方农作项目的贷款是一个由我们的总行批准的例外。"

"您的意思是，如果我当初到这儿来要求借钱的话，你们也是不会借给我的？"

"对啦。"他大笑着。显然，这个经理很久没有一个这样开心的下午了。

"那么，我们在课堂上教书时讲的银行会贷款给借款人，都是假话了？"

"嗯，要贷款您得去总行，但我不知道他们会怎么做。"

"听起来我需要去和一些更高级的官员谈了。"

"是的。那是个好主意。"

我喝完茶准备离去时，分行经理说："我知道您不会放弃努力的。但是据我对银行业的了解，我可以肯定地告诉您，您的这个计划根本行不通。"

两天以后，我与贾纳塔银行的吉大港地区经理R. A. 霍拉达尔（R. A. Howladar）约好，在他的办公室会见了他。我们又重复了我与乔布拉那位分行经理的大部分对话，但是霍拉达尔确实提出了一个保证人的主意，如果村里有人愿意做好事来代表借贷者做担保人，银行或许可以考虑批准一笔没有抵押担保品的贷款。

我考虑了一下，这个主意有显而易见的优点，但是看上去依然存在一些无法克服的障碍。

"我不能那样做,"我对霍拉达尔解释说,"怎么能防止保证人占那些被担保人的便宜呢?结果他可能变为一个暴君,可能像对待奴隶一样对待那些贷款人。"

一阵沉默。从过去几天我和银行家们的讨论中,有一点我已经很清楚了,我并不是在和贾纳塔这个银行过不去,而是在和整个银行制度体系对抗。

"我为什么不能做保证人呢?"我问道。

"您?"

"对,你们能接受我作为所有贷款者的担保人吗?"

那位地区经理微笑了:"您谈的是多少钱呢?"

为了给我自己留出差错与扩展的余地,我回复说:"总共可能10000塔卡(300美元),不超过这个数。"

"嗯。"他用手指拨弄了一下办公桌上的表格。我可以看到他的身后,旧活页夹中蒙着灰尘的一摞卷宗。沿墙是成摞相同的浅蓝色活页夹,一直摞到齐窗高。头顶的电扇微风戏耍着那些卷宗,在他的办公桌上,这些表格永远在飘动着,等待着他的决定。

"好吧。"他说,"我要说,我们愿意接受您作为那个数额的担保人,但不要要求更多的钱了。"

"说定了。"

我们握握手。我突然又想起一件事:"但是,如果有一个贷款人不还钱的话,我是不会承担被拖欠的还款的。"

那个地区经理不安地看看我，不明白我为什么这么难打交道。

"您作为担保人，我们可以强迫您付的。"

"你们会怎么做呢？"

"我们可以通过法律程序起诉您。"

"好吧，正合我意。"

他看着我的样子仿佛看着一个疯子。那正是我想要的。我感到很愤怒，我就是想要在这不公正的、过时的体系中造成某种恐慌。我想成为插在轮轴里的棍子，最终使这该死的机器停下来。我是一个担保人，可能吧，但我才不会真的担保呢。

"尤努斯教授，您知道得很清楚，我们是绝不会起诉一个亲自为乞丐借钱担保的大学系主任的。无论我们可能从您那儿追回多少钱，都会被那些负面宣传统统抵消掉，再说，如此区区小数的贷款，连付诉讼费都不够，更不要说我们为了追讨要付出的管理费用了。"

"噢，你们是一家银行，当然要做你们自己的利润成本分析。但是如果有拖欠，我是绝不会付的。"

"您是在给我制造困难，尤努斯教授。"

"对不起，但银行是在为许多人制造困难——特别是那些一无所有的人。"

"我正在努力帮忙呢，教授。"

"我明白。我是在与银行的制度争辩，而不是对您。"

又是一些回合之后，霍拉达尔下结论道："我一定会向达卡总行推荐您的贷款申请，我们等着看他们会怎么说。"

"但我原以为您作为地区经理就有权决定呢？"

"是的，但是这件事太出格了，我无法批准。必须由最高层来批准。"

*　　*　　*

又花了六个月的文件来往时间，那笔贷款才正式批下来。终于，在1976年12月，我成功地从贾纳塔银行贷出了一笔钱，把它给了乔布拉的穷人。在整个1977年，我必须在每一份贷款申请上签名。甚至在我到欧洲或美国旅行时，银行都会为了一个签名给我发电报或写信，而从不和村里任何实际借款的人打交道。我是担保人，在银行的官员们看来，我是唯一算数的人。他们不想和使用他们资金的穷人打交道，而我则确保那些真正的贷款者——那些我称之为"银行业不可接触者"的实际贷款人——不必到银行去，从而免遭蔑视与屈辱的骚扰。

一切就这么开始了。我不打算成为一个放贷人，也没打算把钱借给任何人，我真正想做的是要解决一个迫在眉睫的问题。纯粹是出于失望，我对银行最基本的抵押担保的原则提出质疑。我不知道自己是对是错，不知道自己将会卷入什么之中。我在盲目前行，边走边学。我的工作已转化为一种斗争，要向世人展示：这些所谓的"金融界不可接触者"实际上是可以接触甚至是可以拥抱的。使我大为惊奇的是，事实证明，没有抵押担保的借款人比有抵押担保的借款人的还款情况还要好。的确，我们贷款的还款率超过了98%。穷人深知，这一贷款是他们摆脱贫困的唯一机会。如果他们不按时偿付贷款的话，他们将失去唯一的机会，重陷贫困的旧辙。

第五章

试验项目的诞生

对于如何开办一家为穷人服务的银行,我一无所知,不得不从零学起。1977年1月,格莱珉银行刚起步时,我研究了其他银行做信贷业务的方式方法,从他们的错误中学习。传统的银行与信贷公司通常要求全额还款;在贷款到期时拿出一大笔现金,通常会使贷款人心理上很难受,他们就尽可能地拖延还款,于是,在拖延的过程中,贷款数额越滚越大。最终,他们决定根本不还这笔钱了。如此长期而全额偿还的贷款,也使得借贷双方对早期出现的一些问题不予理会;他们不是在问题出现时解决它们,而是希望随着贷款到期,那些问题会自行消失。

在建立我们的信贷规划时,我决定要与传统的银行完全背道而行。为了避免大额付款而带来的还款心理障碍,我决定设立一个每日还款规划。每笔还贷的数额非常之小,使借贷者几乎不在乎。为了便于计算,我决定贷款要在一年内还清。照此,365塔卡的贷款可以每天还1塔卡,在一年内还清。

对于这本书的大多数读者来说，每天1塔卡看上去可能是个可笑的数目，但是它的确制造出稳定的增值收入。这每天1塔卡的力量使我想起那个聪明的死刑犯的故事——在行刑那天他被带到国王面前，被恩准可以提出他最后的愿望。他指着王座右边的棋盘说："我只想在棋盘的一个格子里放一粒米给我，接下来的每一格，按前一格双倍的米给我。"

"批准。"国王说，他根本不了解几何递进的威力。很快，那个犯人就统治了整个王国。

* * *

渐渐地，我和我的同事们开发出了我们自己的发放与收回贷款机制。当然，我们在这一过程中犯了许多错误，随时调整我们的想法、修改我们的程序。例如，当我们发现支持小组对于我们的运作至关重要之后，就要求每个申请人都加入一个由相同经济与社会背景、具有相似目的的人组成的小组。我们相信，那些自发成立的小组会更稳定，于是就克制住自己不对它们干预管理，但我们建立起一些激励机制，鼓励那些贷款者在各自的营生中互相帮助取得成功。小组成员的身份不仅建立起相互的支持和保护，还舒缓了单个成员不稳定的行为方式，使每一个贷款人在这一过程中更为可靠。来自平等伙伴之间的微妙而更直接的压力，使每一名组员时时保持与贷款项目的大目标保持一致；小组内与小组之间的竞争意识也激励着每一名成员都要有所作为。将初始监管的任务移交给小组，不仅减少了银行的工作,还增强了每个贷款人的自立能力。由于每一名组员的贷款请求都要由小组批准,小组就为每一笔贷款担负起了道义上的责任。当小组的任何成员遇到麻烦时,小组其他成员通常都会来帮忙。

在乔布拉村,我们发现贷款者要自发组成小组并不总是那么容易的事。一个想要申请贷款的人必须首先找到第二个人,向其说明这个银行是怎么回事。这对于一个村妇来说可能是特别困难的。她常常很难说服她的朋友——她们很可能害怕、怀疑,或是被丈夫禁止和与钱有关的事打交道,但第二个人终于被格莱珉为其他家庭所做的事感动了,她决定加入这个小组。于是这两个人就再去找第三个成员,然后是第四个、第五个。当这个五人小组成立之后,我们先给小组的两名成员发放贷款,如果在随后的六周内这两个人都按期偿还贷款,就允许另外两名成员申请贷款。这个小组的组长通常是五人中最后一个贷款者。但是往往就在小组准备成立时,这五名成员中有一个人改变了主意,说:"不行,我丈夫不同意。他不想让我加入这个银行。"于是这个小组又只剩了四个人或三个人,有时甚至回落到一个人。于是那个人不得不从头开始。

一个小组要得到格莱珉银行的认同或认证,可能要花几天时间,也可能要花上几个月的时间。为了得到认同,这个贷款小组的所有五名成员都必须到银行去,至少要接受七天有关我们政策的培训,并要通过由一名高级银行主管主持的口试,表明他们理解了这些政策。每个组员必须单独接受考试。在考试前夜，每个贷款者都十分紧张，她紧张地在神龛里点上蜡烛，祈求真主保佑。她知道，如果通不过的话，她不仅对不起自己，也对不起小组的其他成员。尽管都已经学习过了，她还是很忧虑，生怕答不上来有关格莱珉成员职责的那些问题。万一她忘了呢？银行工作人员会把这个小组都打发走，告诉所有组员还要再学习，小组里的其他人就会斥责她说："看在真主面上，连这事你都做不对！你不仅把自己搞糟了，把我们也搞糟了。"

有一些批评说我们的乡下客户都太顺从了，所以我们可以胁迫他们加入格莱珉。也许正是如此，我们把初始过程设计得如此富有挑战性。由小组与考试造成的压力，有助于确保只有那些真正有需要，而且对此十分严肃的人，才能够真的成为格莱珉的成员。那些日子还过得去的人，通常会觉得那些麻烦不值得。即便认为值得去做，他们也通不过我们的测试，还是会被迫离开小组的。在我们的小额贷款规划中，我们只需要有勇气、有抱负的先行者，他们才是能够成功的人。

一旦全组都通过了考试，其中一名组员申请第一笔贷款的那一天终于来到了——在20世纪80年代，一笔贷款通常是25美元左右的规模。她是什么感觉？惊恐！她无法入睡，心里翻腾着对失败的恐惧，对未知之事的恐惧。在领取贷款的那天早上，她几乎想要放弃了。对她来说，25美元实在是太重大的责任了。她将如何偿还呢？在她的大家庭里，从没有一个女人有过这么多钱。她的朋友们赶来帮她打消疑虑,她们说:"你看,咱们都得过这一关,我们一定会支持你的。我们都在这儿支持你呢。不要怕,我们一定会和你站在一起。"

当她终于接过那25美元时,她浑身颤抖。这笔钱在烧灼她的手指,泪水滚下她的面颊。她一生中从没见过这么多钱,也没想象过手里能有这么多钱。她像抱着一只娇嫩的小鸟或兔子那样捧着这些钞票,直到有人劝她把钱放在安全的地方,以免被人偷走。

格莱珉的每一个贷款者几乎都是这样开始的。在她的一生中别人都在对她说,她不好,她只会给家庭带来不幸,他们无力承担她的嫁妆。她多次听母亲或父亲告诉她,本该将她流产,或是在出生时就弄死,或是饿死她。对于家庭来说,她只是又一张要吃饭的嘴,又一笔要付的嫁妆费。但是今天,平生第一次,一个机构信任了她,借给她一大笔钱。她发誓,她绝不会辜负这个机构,也不会辜负自己。她一定会奋斗,一定会还清每一分钱。

* * *

在早期,我们鼓励贷款者建立存款,以便在他们困难的时候取用,或是用于一些其他创收的机会。我们要求借贷者将每笔贷款的5%存在一笔小组基金里。他们都理解这一策略,认为它与孟加拉"一把米"(*mushti chal*)的习惯做法相似:家庭主妇每天攒一点儿米,日积月累就变成很大的积蓄。任何贷款者都可以从这笔小组基金中得到一笔无息贷款*，只需其他组员对其申请的数额与用途表示赞同，而且那笔贷款不能超过那笔基金总额的一半。在每年数以千计的案例中，小组基金为组员提供的贷款使人们免于季节性的营养不良，得以付医药费、学费，为受到自然灾害影响的营生重新提供资本，使人们能够节俭而体面地安葬亲人。到1998年，所有小组基金的总额已超过1亿美元，超过了所有公司的净资产额——除去孟加拉屈指可数的几家公司以外。

如果有一个组员无法或是不愿偿付她的贷款，那么直至该偿付问题得到解决以前，她的小组在随后的几年里可能就没有资格申请更大额贷款了。这形成了一种强有力的激励，使贷款者们互相帮助解决问题，并且——甚至更为重要的是——**预防**问题的出现。小组也可以向它们"中心"里的其他一些小组求援。"中心"是一个村子里的八个小组组成的联盟，每周按时在约定的地点与银行的工作人员开会。中心的负责人是由所有成员选出的组长负责管理中心的事务，帮助解决任何单个小组无法独立解决的问题，并与银行指派到这个中心的工作人员密切协作。当一个成员在一次会议期间正式提出一项贷款申请时，银行工作人员通常会问那位组长和中心负责人，他们是否会支持这一贷款申请——就其数额与目的来说。

---

* 在格莱珉Ⅱ号规划中，个人存款取代了小组基金。

从一开始我们就决定，在中心会议上的所有业务实施都要公开。这样做降低了腐败、管理不当和误解的风险，并使负责人与银行工作者直接对贷款者负责。通常，贷款者会让自己的孩子在上学以前参加这些会议，孩子们可以给他们念银行存折中的那些数字，以确保一切都正确无误。

我至今仍觉得，到格莱珉的村庄出席那些中心的会议实在令人激动。随着一年年过去，贷款者对管理他们自己的事务承担起越来越多的责任，他们提出一些更富革新性的方法来预防和解决问题，并不断找出新的途径来帮助每一个成员尽快提升到贫困线以上。每次从那些村庄归来，我都更加确信，提供贷款是在人们生活中造成巨大变化的一种强有力的手段。自从1977年开始走访中心直至今日，这始终是我的信念。不仅在孟加拉，在全世界范围也是如此。当我到马来西亚、菲律宾、南非和美国等迥异多样的国家参加一些中心会议时，我意识到，如果给予机会，人类多么富有活力和创造力。

穆菲亚·哈吐恩（Mufia Khatoon）就是一个生动的例证。穆菲亚是吉大港以北的默沙来地区（Mirsharai District）的一个格莱珉的贷款者，她是1979年末加入格莱珉的，此前，她的生活一直十分辛酸。1963年她13岁时，她的父亲，一个善良的农夫和渔民，把她嫁给了默沙来的东卡利（Dom Khali）村一个名叫贾米尔卢丁（Jamiruddin）的男人。在丈夫长期出海打鱼时，穆菲亚的婆婆总是辱骂她，穆菲亚给全家做完饭后，只得到一点点吃的，或者根本没饭吃。穆菲亚忍饥挨饿地过了好多年。丈夫出海归来时经常打她，有时，住在几英里外的父亲想要保护她，但根本没有任何持久的作用。

这些年中，穆菲亚三次怀孕，一个孩子出生不久就死了，另外两个也没能怀到足月。她营养不良，贫血，终于生下一个儿子活了下来，却使她自己的健康状况恶化。无论如何她活下来了，继续过着遭受毒打与忍饥挨饿的生活。

1974年，经村里的头人出来干涉，她离了婚。穆菲亚终于摆脱了丈夫的毒打，但是饥饿仍紧紧追随着她。她开始乞讨。她在海亚查拉（Khaiachara）与米塔查拉（Mithachara）富裕的邻村乞讨。一整天才讨来几盎司米，还不够她和三个孩子吃的。（在生了儿子以后，她又生了两个女儿，她还照顾着一个外甥，是个孤儿。）一天，她乞讨到一个女人家里，那个女人开着家庭作坊，制售篮子、席子和其他竹制品，她问穆菲亚，想不想从她那儿借15塔卡，买些竹子去市场上卖。穆菲亚同意了，她赚到了10塔卡，并偿还了借款。她用这10塔卡给孩子们买了一些食物。在以后的几年中，这样的事又有过几次，但过了一阵之后，那个女人不再借钱给穆菲亚了，于是她又去做乞丐。

1974年的饥荒中，穆菲亚差点饿死，她寄居栖身的地方也在1978年的一场暴风雨中被毁掉了。但是在1979年，她加入了格莱珉银行，借了500塔卡，重新开始了她的竹制品加工营生。当她偿还了首批贷款时，她感到自己得到了重生。1980年12月

25日，她得到的第二批贷款是1500塔卡。虽然有时在竹制品销售淡季她会错过分期还款，但在收割季节经济状况好转时，她总是能赶上来。

在加入格莱珉银行的头十八个月里，穆菲亚为自己和孩子们买了价值330塔卡的衣服，还有价值105塔卡的厨具。这些都是她离婚十五年来从没有过的奢侈品。她和孩子们能够更规律地吃上饭，食物也更有营养了。她们从来不吃肉，但常常能吃上蔬菜，偶尔她会从市场买点干鱼来开开斋。

穆菲亚是成千上万原先只能以乞讨为生的人们之一，由于他们能从格莱珉银行中获得贷款，现在都过上一种有尊严的生活了。为了帮助穆菲亚这样没有经验的贷款者，我们一直在努力简化我们的借贷程序。现在，我们将我们的偿付机制提炼成了如下公式：

- 贷款期1年；
- 每周分期付款；
- 从贷款1周后开始偿付；
- 利息是10%；
- 偿付数额是每周偿还贷款额的2%，还50周。
- 利息为：每1000塔卡贷款，每周付2塔卡的利息。

至于偿付机制，我决定必须使它尽可能地保持简化。我觉得这一交易应该在当地进行，于是拜访了乔布拉村中心的那个卖槟榔叶（pan）的小摊贩。那个瘦小的男人不刮脸，总是咧嘴露齿笑着，他的铺子日夜都开着，村里的每一个人他差不多都认识，每一个人也都认识他。我提议他作为乔布拉村的收款点时，他热情地应承，也不要任何手续费。我们告诉那些贷款人，他们每天从那条路经过，或是去做日常活计的路上，就把他们每日的分期付款交给那个卖槟榔叶的就行了。

事实证明这个试验很短命。贷款者声称他们付了每日的分期付款了，但那个卖槟榔叶的说他们没付。

"你不记得了吗？"一个贷款者会说，"我中午来的，从你这儿买了一些槟榔叶。我给了你5塔卡，你找我钱时，我让你留下，作为我的分期付款。你不记得了吗？"

"不，你没给我5塔卡。"

"不对，我给了。我记得很清楚。"

"不，你给了我一张钞票，我把该找的零钱都给你了。"

争吵没完没了。我知道，我们必须得简化程序。于是我买来一个笔记本，把每一个贷款者的名字写在左边，在中间做了三栏，显示每笔分期付款的数额与日期：

贷款者姓名	分期偿付数额	日期

我把这个表格做得很简单，这样，每次贷款人付钱给那个

卖槟榔叶的人时,他只需要打个对钩就行。但是几天以后,连这个体系也崩溃了。那些贷款人声称,那个卖槟榔叶的忘记给他们打钩了。必须对我的会计制度再做改进。但怎么做呢?作为试验,我放弃了每日偿还制度,转向仅次于它的每周偿还制度。至今,过了大约二十年以后,我们的贷款仍在以同样的方式,一周一周地加以偿还,不过,现在是由我们前线的银行工作者们每周到村里贷款者那里收款了。

  我们的还款率一直保持很高。一般说来,人们对格莱珉的成功最感惊奇的,是我们在向贫困地区最穷的穷人服务的同时,能够获得高还贷款率的成功。人们有时会设想,忠实地偿付贷款一定是孟加拉"文化"的一部分。其实这种推测是最远离实情的了。在孟加拉,最富有的人习惯于不偿还其贷款。这种以银行业的名义进行的滑稽剧使我大为惊异。公众的存款通过银行体系,通过国有银行,通过私人银行,源源送到那些根本不还钱的人们手中。

  我们知道,如果格莱珉要成功,就必须信任我们的客户。从第一天起我们就清楚,在我们的体系中不会有司法强制的余地。我们从来不会用法庭来解决我们的偿付问题,不会让律师或任何外人卷进来。今天,商业银行总是想象每个贷款者都打算卷走它们的钱,于是它们用法律桎梏来限制它们的客户。律师们钻研那些宝贵的文件,确保没有一个贷款者能够从银行逃脱。相对而言,格莱珉的基本假设是,每一个贷款者都是诚实的。在贷出者与借贷者之间没有司法工具。我们确信，建立银行的基础应该是对人类的信任，而不是毫无意义的纸上合同。格莱珉的胜败，会取决于我们的人际关系的力量。也许人们会说我们天真，但是我们的坏债率低于1%。而且，甚至当贷款者确实违期偿还一笔贷款时，我们也并不设想他们是恶意这样做的。相反，我们设想，一定是那些人的境况使他们无力按时偿还。坏债不断地提醒我们，需要做更多的事，去帮助我们的客户取得成功。

在我们的试验项目里，在努力开发出有效可靠的贷款发放与回收机制的同时，我们还努力确保妇女从这一规划中受益。我们设立了一个目标，要使我们的贷款者中妇女的比例达到一半。我们花了六年多的时间才实现了这个目标。为了吸引妇女贷款者，我们与孟加拉银行的通常惯例做斗争，它们基本上是将妇女排除在外的。如果说我们的金融机构仅仅是性别偏向，那是远远不够的。当我指出银行的性别偏向时，我的那些银行家朋友对我十分恼火。"你没看到城里到处都是我们的女士分行吗？"他们争辩说，"它们的宗旨是：只为女性服务。"

"是的，"我回答说，"我看到了，我也看到了它们背后的那些打算。你们想得到妇女的存款，所以你们开设女士分行。但是，如果一位女士想从你那儿借钱的话，又会怎样呢？"

在孟加拉，如果一个妇女，即便是一个有钱的妇女想从一家银行借钱的话，那个经理就会问她："您和您的丈夫讨论这件事了吗?"如果她回答"是的",那个经理就会说:"他支持您的提议吗?"如果回答仍是肯定的,他就会说:"请您同您丈夫一起来,以便我们能和他讨论这件事,好吗?"但是没有一个经理会问一个来贷款的男人,他是否和妻子讨论过贷款的想法,或是请他带妻子来一起讨论。在格莱珉之前,孟加拉的所有贷款者中妇女只占不到1%,这绝非偶然。这个银行体系是为男人们建立的。

最初,出于对这一状况的愤怒,我订立了这个目标:我们试验项目的贷款至少50%要给予妇女。但是我们很快就发现了一些新的关注妇女社会经济方面的理由。我们借给贫苦妇女的钱越多,我就越发认识到:借贷给妇女,比借贷给男人,能够更快地产生变化。

在孟加拉,妇女比男人面临更为严重的饥饿与贫困的问题,妇女比男人更深刻地体会到饥饿与贫困。如果家里非得有一个成员被饿死的话,根据一种不成文的法律,必定会是那个母亲。在饥馑与匮乏的年景,母亲还会由于无法用母乳养活她的婴儿而遭受难以承受的痛苦。穷苦妇女在孟加拉的社会地位是最没有保障的。当丈夫的可以任意将他的妻子赶出家门,他只需重复三遍"我和你离婚",就可以和她离婚了。如果被丈夫如此离婚的话,她会很丢脸,她自己的父母家也不愿收留她。尽管有所有这些不幸,但有一点是很明显的,即赤贫的妇女比男人能更快更好地适应自助的过程。虽然贫苦妇女不会读不会写,而且很少被允许独自踏出家门，但是她们看得更长远。为了使自己和家人从贫困中解脱出来，她们愿意更辛苦地劳作。为了让自己的孩子过更好的生活，她们更花心思，而且更加持久坚忍。当一个赤贫的妇女开始挣到钱时，她对成功的梦想总是首先围绕她的孩子的。她的第二个优先考虑就是这个家。她想买器皿，造一个结实些的屋顶，或是为她自己和亲人们找到一张床。而一个男人的优先考虑则是完全不同的一整套东西。当一个赤贫的父亲挣到额外的收入时，他更多会关注自己。所以，当钱通过一个女人而进入一个家庭时，会给家这个整体带来更多的好处。

如果说经济发展的目标包括提高总体生活水平，减少贫困，创造像样的就业机会，减少不平等，那么，通过妇女来做工作就是很自然的了。不仅仅由于妇女确实占了穷人、失业者、经济与社会劣势群体的大多数，而且因为她们更加乐于并能成功地改进孩子与男人们的生活。有些研究将男性贷款者与女性贷款者使用其贷款的方式进行比较，总是显示出与如上所述一致的结果。

将我们的所有努力几乎完全放在为妇女贷款上，并非易事。首先遭遇的，也是最强大的反对，是来自那些当丈夫的，他们都想贷款来给自己用。宗教首脑对我们非常怀疑，放贷者将我们看作对他们在村里权势的直接威胁，这些反对都是我意料之中的。但使我感到惊奇的是那些受过教育的公仆与专业人员的抗辩。他们争论说,在这么多男人没有工作、没有收入的情况下,贷款给妇女是讲不通的。他们或者说,妇女反正会把贷款交给丈夫,结果会使她们受到比以前更重的剥削。中央银行的一名官员甚至给我写了一封充满威胁恶意的信,要求我"立即充分地讲清楚,为什么在你的借贷者中有这么高的百分比是妇女"。我回信问他,中央银行是否问过这个国家的其他银行,它们为什么有如此高百分比的男性借贷者。令人好奇的是,他没有回答我。

一开始,我们也不知道如何去吸引妇女借贷者。如果曾有过任何孟加拉妇女从银行借过钱,也只是极少数的。我本可以竖起一个招牌,这样写道:

所有妇女们请注意:
　　欢迎到本银行加入一个专为妇女的贷款规划。

这个招牌可能会得到免费媒体的报道传播,但根本不会吸收妇女借贷者。首先,在孟加拉乡村,85%的贫苦妇女都不识字;其次,如果不同丈夫一起,她们很少能自由跨出家门。为了招募妇女借贷者,我们必须发明出一整套技巧。首先,由于"遮蔽"的规矩,我们这些男人根本不敢走进村里一个妇女的家中。"遮蔽"涉及一系列规矩,按照《古兰经》的训喻戒律来保护妇女的谦卑与纯洁。按照"遮蔽"最起码的解释,也要禁止妇女出家门，或是被除最亲近的男性亲属以外的任何男人看到。

在乔布拉这样的乡村，"遮蔽"被覆盖上了对那些早于伊斯兰的神祇的信仰色彩。通常是村里的毛拉们（pseudo-mullahs）在伊斯兰教的小学（*maktabs*）宣讲，或是为村民讲解伊斯兰教义，使得这样的信仰长存下去。虽然不识字的村民们把这些人当作宗教权威敬仰，但其实他们中许多人只有很低的伊斯兰教的教育水平，他们讲解教义时并非总是基于《古兰经》。

即使在不那么严格遵守"遮蔽"规矩的地方，习俗、家庭、传统，加上礼仪，使得孟加拉乡村男女之间的关系极为刻板。所以当我去见村里的妇女时，从来不会要求一把椅子，也不会要求别人对我打躬作揖之类，那本来是对有权威的人应有的礼貌。相反，我会尽可能随和地拉家常，说些有趣的事，或是对一个母亲夸赞她的孩子，来打破僵局。我还告诫我的学生和同事们，不要穿昂贵的衣服或花哨的纱丽。

我不会进到一个女人的家里，而是站在几家中间的空地上，这样，所有的人都能看见我，监视我的举动。然后我就等在那儿，这时，我的一个女学生走进那户人家，为我做介绍。然后这个中介再把那些女人可能提出的任何问题带给我。我一一回答她们的问题，那个学生再回到那家去传达。有时，她会来来回回一个多小时，而我仍不能说服这些隐身的妇女从格莱珉贷款。

但我第二天还会来。那个学生又得在农妇和我之间往复回合，重复传达我说的所有东西和那些乡村妇女的所有问题。这样，我们浪费了许多时间。经常是，我们的中介没能捕捉到我的所有想法或妇女们的问题，于是会变得很混乱。有时，那些丈夫对我很恼怒。我猜想，由于我是一个令人尊敬的大学系主任，这多少使他们放下心来，但他们总是要求我们给他们贷款，而不是给他们的妻子。

一天，我正坐在村子房屋之间的一块空地上，乌云压顶，下起了雨。正当季风雨季，很快变成一场倾盆大雨。那家的妇女送出一把伞让我遮雨，我倒没怎么淋湿，但那个可怜的中间人每次在我和那家人之间来回传话时都得淋雨。雨更大了，于是那家中一个年纪较长的妇女说："让教授在二门避雨吧，那儿没人。免得这姑娘来回挨淋了。"

那房子是典型的孟加拉乡下棚屋——一间窄小的屋子，泥地，没有电，没有椅子，没有桌子。黑暗中，我独自坐在床上等着，熬煮 atap 稻的香味从隔壁飘了进来。一面竹墙和一些架子将这家与邻人分隔开来，每次我的中间人在隔壁与妇女们讲话时，我都能大概地听见她们说的话，但她们的声音都压得低低的。每次那个中间人回来传达她们的话时，隔壁那些妇女就紧挨着竹槁扇听我怎么回答。这种交流方式很不理想，但肯定比站在外面的雨地里要强多了。

以这种方式——听到彼此的声音，但是间接地通过一个中间人——交谈了二十分钟之后，墙另一边的妇女开始绕过我的助手，用吉大港方言直接向我喊出一些问题或评论了。我的眼睛逐渐习惯了黑暗,可以分辨出透过榈扇的裂缝盯视着我的那些人的轮廓。她们的问题中有许多和男人问我们的一样:"我们为什么必须组成小组呢?""为什么不能现在就给我个人发放贷款呢?"

大概有二十五个妇女都挤在竹墙那儿窥视我,突然,榈扇被她们压塌了一部分。这些妇女还来不及弄清楚发生了什么事,就已经坐在那间屋子里和我直接对话了。她们中有一些把脸藏在面纱后面,另一些咯咯笑着,很腼腆,不敢直视我,但我们终于不再需要中间人往返传达了。那是我第一次和一群乔布拉村的妇女在屋子里谈话。

"您的话把我们吓坏了,先生。"一个将脸藏在纱丽里的妇女说。

"只有我丈夫才会处理钱这东西。"另一个妇女说,她背对着我,以使我看不到她。

"把这笔贷款给我丈夫吧,他管钱。我从没碰过钱,也不想碰。"第三个妇女说。

"我不知道拿钱做什么。"一个坐得离我最近的女人说,但她将目光避开了。

"不,不,别给我,我们拿钱没用。"一个年纪较大的女人说,"为了嫁妆费的事我们的麻烦已经够多了,我们可不想和丈夫再打一架了。教授,我们就是不想再惹麻烦。"

从她们脸上,可以清晰地看到贫困与虐待造成的毁损。她们的丈夫对任何别的人都毫无能力，于是就毒打她们来发泄自己的挫折感。从许多方面讲，妇女得到的是牲畜的待遇。我知道，婚姻暴力是很可怕的，我理解为什么这些妇女都不想被卷入对现金的控制——那一直是为男人保留的传统领域。

我还是竭力鼓励她们不要害怕："为什么不借呢？它会帮助你们开始赚钱的。"

"不，不，我们不能接受你的钱。"

"为什么不能呢？如果你们用它投资，你们可以赚到钱，养活你们的孩子，并送他们上学呀。"

"不行，我母亲临终时对我说，绝不要向任何人借钱。所以我不能借。"

"是的，你母亲是一个聪明的女人，她给你的告诫是正确的。但是如果她今天还活着的话，她会劝你加入格莱珉的。她活着的时候还没有格莱珉规划，她对这一试验一无所知。那时候，她只能从高利贷者那儿借钱，她劝你不要去和高利贷者打交道是对的，因为他每月收取10%或更高的利息。但是如果你母亲知道我们的话，肯定会建议你加入来为你自己创造一种像样的生活。"

她们的话我都听到过太多遍，我全都有现成的答案了，但是很难说服这些吓坏了的人。她们一生中从没和任何机构打过交道，我主动提供给她们的每一样东西都陌生而吓人。那天的进展很慢，非常慢。随后的很多天也都是这样慢。在整个季风雨季和Ashar月，人们都吃kalmi、puishak或kachu shak之类多汁多叶的绿色蔬菜。kachu shak像是一种长长的芦笋，煮熟后有一种鲜美的味道与口感。我最喜欢闻的是村里人将kachu shak与干月桂叶、土茴香籽和姜黄放在一起熬煮时散发出来的香味。

刚刚开始去说服妇女从格莱珉贷款时，我们就意识到了：让女性银行工作者做这个工作要容易得多。对于我来说，最大的挑战总是如何才能消除她们的恐惧，而我的女工作者们用柔和的嗓音小心行事，做起来要更容易一些。但收效还是很慢。每一天结束时，我都询问我的学生们工作进展情况。女工作者们通常会在烟盒背面草草记下可能贷款的人的名字。结果，我雇用了三个年轻妇女在我们的试验项目里工作——两名刚刚毕业的大学生努加罕·贝格姆（Nurjahan Begum）和詹娜·夸尼恩（Jannat Quanine），以及家在乔布拉村佛教徒居住区、只受过九年级教育的普里蒂·拉尼·巴鲁亚（Priti Rani Barua）。与男同事们相比，这些女性更容易与村里的女人建立起融洽的关系，但是她们也面临许多障碍。的确，我们向虐待与隔离妇女所开展的斗争，不仅代表我们的贷款者，也代表着我们自己的女雇员。

一个银行工作者的工作性质，要求他或她在乡村地区独自行走，有时单程跋涉长达5英里。许多可能成为银行工作者的女性的家长们认为这件事很降低身份——甚至是伤风败俗。虽然他们可能会允许女儿坐在办公桌后面上班，但他们不能接受她们整日为格莱珉在村子里工作。这些女银行工作者又如何在各地之间跑来跑去呢？在孟加拉，男人可以骑自行车，但人们通常认为女人不应该骑自行车。我们买了练习用的自行车，还办了训练班，以使我们的女工作者们有信心骑车。但是在有些地方，她们骑自行车会招致当地人的攻击。虽然村民们能允许女人乘坐牛车、微型出租车、人力车，甚至是摩托车，但那些信教的保守分子无法接受一个女子骑自行车。甚至在今天，二十五年之后，当我们的贷款者有94%都是妇女时，我们的女雇员去村子里工作时依然要经常面对敌意和歧视。当一个女性银行工作者初次到一个村子去时，遭到围观是常有的事。她经常会受到村民的批评。他们只习惯在家里见到女人，而不习惯在任何其他地方看见女人。

我们总是努力招募那些刚刚完成学业正在等待完婚，或是已婚但丈夫失业了的女子作为我们的工作人员。一般说来，一个未婚女子如果能够尽快找到工作，就会减轻家里催她结婚的压力。此外，工作会大大增加她结婚的机会。她不再被人看作负担了。

经验证明，要留住女性银行工作者是很难的。典型的情况是，格莱珉银行的一个女工作者一旦结了婚，公婆就会对她施加压力，要她辞职。他们不想要一个"有身份的"年轻女子独自在乡间奔波。他们还担心，万一遇到麻烦她可能无力自卫。当这个女工作者生了第一个孩子以后，家里要她辞职的压力就更大了。接着又生了第二个或第三个孩子，之后，这个女人自己也会想有更多的时间和孩子们在一起。而且，徒步行走几英里，对她来说也不像年轻时那么容易了。1994年，当我们宣布我的一个包括提前退休的选择权的养老金规划时，许多女雇员都选择了离开格莱珉。这虽然不是太过意外，但仍然使我们很伤感。在一些国际会议上，我们经常由于雇用的妇女不够多而受到批评。我相信，那些批评者当中大多数都不理解孟加拉的社会现实，但我承认，他们的批评激励我们加倍努力，想方设法留住女雇员。事实上，1997年有一位妇女被提升为区域经理，那是格莱珉银行前线业务的最高职位，我们为此大事庆祝。但从1994年起，由于退休规划，我们失去了许多优秀的女雇员，这一直令人伤心不已。

努加罕的故事说明了我们年轻的女工作者所承受的众多压力。我们开始进行格莱珉试验规划时，努加罕还在吉大港大学读研究生。她当时23岁，正在攻读孟加拉文学的硕士学位。她出身于一个保守的中产阶级家庭，11岁时丧父。她母亲想要她嫁人生孩子，但是完成学业之后，努加罕反叛了。她是村子里第一个得到硕士学位的女性，一个非政府组织（NGO）主动提供给她一份工作，她感到很骄傲。她乞求母亲允许她工作，但母亲拒绝了，并争辩说，在孟加拉，好出身的女孩子根本不该工作。努加罕的哥哥倒是愿意让她为NGO工作，但不知道村里的其他人会怎么说。于是努加罕只得一再推迟开始工作的日期，那个NGO为她延期了三次，终于无法再等，于是她失去了这个工作机会。

当格莱珉提出给努加罕一个职位时，她的母亲和哥哥的态度终于缓和下来。努加罕没有告诉他们，她不会有办公室，也没有办公桌，她将整天在最穷的村子、最穷的地区间奔走，与乞丐和一无所有的妇女们交谈。她知道，如果让他们知道的话，他们会惊恐万分，强迫她辞职。1997年10月她开始和我们一起工作。只要她的亲人们不知道格莱珉是什么样子，他们就会勉强地允许她工作了。

努加罕工作的第一天，我要她去乔布拉村对一名无任何谋生手段的贫苦妇女做一个案例研究，那名妇女叫阿玛加·阿米娜（Ammajan Amina）。我这样做是出于如下几个原因。首先，我相信，激发一个新员工的最好方法，就是让她亲眼看到穷人生活的实际情况。我想让努加罕的内心被贫困现实所触动。其次，我想看看努加罕会如何适应。和穷人一起工作并且要对他们的生活产生积极影响，这可不是件容易的事。努加罕获得的硕士学位并不能保证她拥有内在动力、信心和力量向这些穷人展示如何去克服他们的障碍。她会愿意花时间和那些一无所有的人待在一起，去了解他们如何生活、工作，如何生存下去吗？她必须学会把她的客户看作完全意义上的人，需要帮助与变化的人。她必须和穷人建立一种便捷无畏的沟通，完全地了解她的贷款者们的生活与困难。于是，在努加罕开始工作的第一天,我把她拉到一边说:"试着去和阿玛加·阿米娜单独谈话。试着去感动她,理解她。今天不要带笔和纸,以使她安心。"

努加罕和我的同事阿萨杜贾曼(Assaduzzaman,简称Assad,阿萨德)一起去了乔布拉村。阿玛加·阿米娜冲阿萨德点点头,问努加罕说:"他是你丈夫吗?"

"不是,"努加罕回答说,"他只是一个同事。"

"你怎么和一个不是你丈夫的男人一起来见我们呢?"阿玛加·阿米娜问道。这有违"遮蔽"的规矩,使她对努加罕产生了怀疑。

一点一点地,一天一天地,努加罕赢得了阿米娜的信任。阿米娜将自己过去的遭遇告诉了努加罕。阿米娜生育了六个孩子,有四个饿死或病死,只有两个女儿活了下来。比她年长许多的丈夫也重病缠身,几年里,他的医药费把家里的绝大多数财物都耗光了。他死后,阿米娜只剩下了一个空房子。她四十多岁,根据孟加拉的标准已经是老人了。与世界普遍情况相反的是,孟加拉妇女的平均寿命要比男人短。她是文盲,以前从没挣过钱。她曾挨门兜售自制的糕饼点心,没怎么成功。她的姻亲要把她和孩子们从她生活了二十年的房子赶出去,但她拒绝离开。

有一天,阿米娜回来,发现她丈夫的兄弟已经把她的锡屋顶卖掉了,买主正忙着把它搬走。雨季已经开始了,阿米娜又冷又饿,穷得没有任何东西能做点心去卖。由于没有屋顶的保护,暴风雨摧毁了房子的泥墙。她竭尽所能喂养孩子们,她是个有自尊心的女人,所以她只在附近的村子里乞讨。有一天她到家时发现房子塌了,她尖声哭喊起来:"我的女儿呢?我的孩子在哪儿呀?"

她在坍塌的房子废墟下找到了已经死去的大女儿。

努加罕在1976年首次见到阿玛加·阿米娜时,她正抱着她唯一幸存的孩子。她伤心极了,非常绝望。没有任何放贷者借给她钱,更不要说一家商业银行了。但是用格莱珉的贷款,她买了竹子,编制篮子。一直到死,阿米娜都是格莱珉的贷款者,现在她女儿是格莱珉的成员。

通过努加罕和阿玛加打交道的经历和许多类似的希望渺茫的案例,我清楚地看到,努加罕和穷人打交道确实有一种特殊的才能。我非常高兴能有她作为我团队的一员。有一天,因为家里的一些事,努加罕小姑子的哥哥来找努加罕。看到我们的办公室不过是一间锡顶的棚屋,没有电话、卫生间和自来水,他大吃一惊。那根本就不是他想象中一个商业银行的样子。办公室的经理阿萨德告诉努加罕的姻亲,她到实地工作去了。那个男人找到了努加罕,发现她坐在一棵树下的草地上,正在和村里的一些妇女谈话。他极为震惊。努加罕窘迫之下撒了谎,告诉他说,那天是特殊情况,并求他不要把看到的情况告诉她母亲。但他还是说了。

一开始,努加罕的母亲大发雷霆。如同大多数最保守的孟加拉穆斯林一样,她认为女儿就应该遵守"遮蔽"习俗藏在家里。她无法想象努加罕在露天野外工作,更无法想象,对于一个可敬的女人而言这种工作能算是体面的。最终,努加罕把实情告诉了母亲,并诉说了她帮助穷人的深切愿望。母亲终于缓和下来。今天,她是一个大力支持格莱珉的人。

有一天,我要努加罕在文化节上作一个有关格莱珉的演讲,她要和两个刚来不久的女员工一起去库米拉城(Comilla)。由于从吉大港到库米拉的旅程没什么危险,我没有安排男同事陪她们一起去。这并不是因为我漠不关心,我觉得我的工作人员应该独立。而且我知道,格莱珉需要打破那个女人不能单独短途旅行的神话。

男同事会安排旅程并处理路上的所有琐事,尽管努加罕没有表现出来,但是由于我没有安排一个男人同行,她非常生气。她甚至给一个男同事打电话请他陪她一起去,但是他没有空。她以前从没独自旅行过,她祈祷真主赐给她力量和勇气,然后出发了。她在库米拉城的演说获得了很大的成功。

现在,努加罕可以毫无困难地到任何她想去的地方旅行。她是格莱珉银行的三位总经理之一,并且是我们培训部的负责人,在那儿,她帮助数以百计的我们未来的年轻银行工作者们成为自立的人。

第六章

从乔布拉扩展到坦盖尔

1977年秋天,在我们的乡村银行试验一周年纪念之际,我在吉大港与亲人们一起度过神圣的开斋节,庆祝历时一个月之久的拉马丹(Ramadan)斋期的结束。虽然开斋节是个三天的假期,但是像大多数孟加拉家庭一样,我们用一周时间来庆祝它。我的父母都极为虔诚,他们在子女身上灌输了一种对传统的深深尊重。在整个拉马丹期间,父亲都在按《古兰经》的要求捐献 *Jakat*(一种宗教的税金)。根据伊斯兰教法规定,首先给有需要的亲属,然后给穷苦的邻居,最后给一般的穷人。

开斋节也是全家人聚在一起回顾转瞬已逝的一年的机会。1977年,我们都聚在尼里比里(Niribili),尼里比里的意思是和平与安宁,这房子是父亲1959年在当时吉大港的帕奇莱士(Pachlaish)新住宅区建的。房子在一道花园护墙的后面,郁郁葱葱的绿树环绕四周,有芒果树、槟榔树、香蕉树、柚树、番石榴树、椰子树和石榴树。尼里比里很大,那许多大露台和宽敞的空间使我总是觉得它就像一艘越洋的汽轮。尽管它的建筑有许多特异之处——房间太大了，门庭太奢侈了，不实际，但我还是很喜爱这个地方。它有八个分开的单元由我的兄弟们分别居住，父亲住在一层，被他心爱的酿制桶包围着，他喜欢那样。这座房子是家庭力量与团结的源泉。

在开斋节这一天，全家依据惯例履行仪式。我们很早就起床洗漱，然后动身去祖辈生活的巴图亚村，我就是在那里出生的，在第二次世界大战期间，全家人大部分时间都在那里度过。早晨7点钟，家里的男人前往Eidgah，那是一片空地，许多人集合在那里祈祷。我们做祈祷，阿訇开始布道，几千人排在他身后。所有的人都穿着新的Eid服，空场上充满传统香水的气味。祈祷做完以后，我与兄弟们拥抱，互致"开斋节快乐"，然后排成一队去触摸父亲的脚，以示敬意和问候。上过坟，并且付了法定的 *fitra* 税（给穷人的1.25公斤麦子）以后，我们开始去拜访各家亲戚。在一个月的斋戒之后，甜肉和美味的面条吃起来更香了。

姐姐莫姆塔兹做的甜食最棒。那年她做了一些我最喜欢吃的 *rashomalai*（一种混着小白颗粒popy种子和芒果肉的浓牛奶）。我津津有味地享受着她做的酸奶和 *chira*（一种加入甜芒果和香蕉的美味麦片）。

莫姆塔兹比我大二十岁，长着鹅蛋脸，一双热情的黑眼睛。虽然她17岁就结婚离开了家，但就像一个替补母亲，她总是把照看弟妹们当作自己分内的事。1977年这个开斋节，孩子们都在我们身边，互相召唤着，笑着，吃着，玩着。但莫姆塔兹默默地握住我的手。她是多么好呀！她对我，对我们大家，是那么地关爱！看着她的眼睛，我回忆起1950年的那一天，我坐公共汽车和人力车飞奔到她家，告诉她弟弟阿尤布出生了。我气喘吁吁，万分激动。她大笑着拥抱我，向她的邻居们通报这个好消息。我们吃啊，庆祝啊，直到深夜。第二天莫姆塔兹打好了包，搬到家里来帮助母亲照料小阿尤布。这么长时间过去了，环顾左右，我的姐姐莫姆塔兹和图努，我的兄弟萨拉姆、易卜拉辛、贾汉吉尔、阿尤布、阿扎姆和莫因努，我为我们的健康和幸福而感谢真主。我们真是幸运。

* * *

1977年10月，在一次去首都达卡的旅途中，我的一次偶遇大大改变了我们将贷款给乔布拉穷村民的努力方向。出于一些与格莱珉无关的个人原因，我造访了孟加拉农业银行，那是我们最大的国有银行之一。在那儿我偶然遇到一个熟人，就是那个银行的董事总经理A. M. 阿尼苏扎曼（A. M. Anisuzzaman）先生。他是个极为健谈开朗的人，一看见我，就立即发表了一长篇激烈的演说。他独自说了很长时间，攻击我和其他学究们躲在象牙塔里，没有为孟加拉做出应有的贡献。那真是一场猛烈的攻击：

"你们这些学究令我们失望。你们没有尽到你们的社会责任。这个国家的银行体系糟透了,全是腐化、贪污和肮脏。每年,成百上千万的塔卡悄无声息地被人从农业银行偷走,没有一个人为任何事向任何人负责。你们这些有着白如百合的双手的学究,有你们舒适的工作和出国旅行,你们肯定不负责。你们全无用处。完全没有用!在这个社会所看到的东西让我厌恶之极。没有人想到穷人。我告诉你,这个国家让人感到耻辱,它就活该有这么多问题。"

阿尼苏扎曼不停地说啊说,等他终于慢下来以后,我说:"好吧,先生,听到你说的这些我很高兴,因为我恰巧有个可能使你感兴趣的建议。"

接下来我大致说明了我的乔布拉试验,并解释说,我的学生们是不拿薪水志愿工作的,"他们捐献了他们的时间,而我用我的实习预算来付那些费用。那些贷款正得到偿还,贷款者的状况正在一天天好转。但是我确实为我的学生们担忧。整个试验只是由一根细线维系起来的,我需要机构的支持"。

阿尼苏扎曼仔细地听我讲。我看到他被我的想法吸引,他激动起来了。

"你们和贾纳塔银行有什么麻烦?"他问道。

"他们坚持要我为每一笔贷款担保。我要去美国三个月出席联合国大会的一些会议,而他们坚持要把贷款文件寄给我,要我签字。你可以想象,那有多么不实际!"

他摇摇头:"告诉我,我能帮你什么忙?"

我很高兴。我本来可能多少年都碰不上这么一位热切地想帮忙的人的。我解释说:"贾纳塔银行不能对我们的项目提出拒绝,因为没有拖欠还款的。但是他们总要花两到六个月才肯批一笔新贷款,每一笔都要经过达卡的总行审批,而且每次碰到一个问题,他们还要再多花几个月时间才能从指挥链的上端再绕回来。这样运作十分困难。"

阿尼苏扎曼不耐烦地挥挥手:"你们不能这样下去。这很荒谬。现在告诉我,你想从我这儿得到什么?"

"从农业银行?"

"对。"

"嗯——"我的脑子飞快地转着,"我想,我希望农业银行在乔布拉建立一个分行,由我支配。我会订立它的规章与操作程序,招募我自己的工作人员。你们要允许我发放总额达一百万塔卡的贷款。给我一百万塔卡的限制,给我一年时间,然后盖上盖子放手让我去工作。一年以后再打开盖子,看我是不是还活着。如果你们喜欢我做的事,就延长那个项目。如果不喜欢,就关掉那个分行,不提这件事,把我当作一个试验。如果根本没人偿还我们的贷款,那么最多你们也就是亏损了一百万塔卡。"

"好的。"阿尼苏扎曼说。他拿起电话,对他的秘书说:"给我接吉大港地区经理。"他捂住听筒问道:"你什么时候回吉大港?"

"明天。"

"坐下午的飞机?"

"对。"

电话中传来另一个声音,阿尼苏扎曼说:"我的朋友尤努斯教授明天要从达卡飞回去,他将在下午5点到达校园。我想要你在他的居所等他,我还想要你听从他的指令。无论他怎么说,无论他想要什么,我都命令你那样做。你明白了吗?"

"明白,先生。"

"你有什么问题吗?"阿尼苏扎曼对着电话说。

"没有,先生。"

"好极了。那么,我不想听说有任何事情出了问题。我不想听到尤努斯教授向我抱怨说,他的命令没有被遵从。你明白吗?"

我从阿尼苏扎曼的办公室走出来时仍然觉得有些头晕目眩。我看到一个姑娘正在外面的大街上扫地。她极瘦,光着脚,戴着一个鼻环。像达卡大街成千上万的清洁工一样,这个女人一天干到晚,一周干七天,才能刚刚勉强维生。然而她还算是一个"幸运者",因为她有一份工作。为了这个女人,为了所有那些甚至不敢奢望一份清洁工工作的女人,我要发展我的贷款项目。此刻,我知道我在做正确的事。

* * *

第二天下午,农业银行吉大港地区的经理在我的起居室里等着我。他十分紧张的样子。我告诉他头一天发生了什么事,阿尼苏扎曼多么热情地赞同我的学生们和我正在乔布拉村做的事。那个经理解释说，我需要写一个项目建议书。他会带几个同事再到我家来，起草一份正式的书面出资申请。

第二天是星期一，五个人来到我家。他们问了我许许多多的问题，一些我从没想到过的事：我需要多少贷款者？多少雇员？我提供什么样的薪金水平？我需要多少保险柜？我尽可能地回答了那些问题。几周以后，我收到了寄来的一个大信封。那是一份建议书，基于我告诉他们我想做的事所做出的一部复杂的洋洋巨著，充满了官僚的行话，甚至连读一页都极为困难。它什么也没说。我拿过一支笔，用我自己的话草草记下了我初始的想法。我的提议简明扼要。我第一要改的就是这个分行的名字。我写道：

> Krishi 银行以"农业"这个专有名词作为它的名称，而我并不希望这个分行与农业有关联。在孟加拉，农夫并不是最穷的人。相反，与没有土地、靠出卖劳动力为生的人相比，那些拥有土地的人的日子是比较好过的。我想要这个分行覆盖乡村的各行各业，诸如贸易、小手工业、零售业，甚至是走街串户的叫卖。我想要它成为一个乡村银行，而不是只关心收成与农作的银行。所以我选择"格莱珉"[*]这个词。

---

[*] 格莱珉（Grameen）出自"村庄（gram）"一词的形容词形式，意为"乡村的"，或是"有关村庄的"。

几个月过去了,阿尼苏扎曼终于有了消息,他要我去达卡会面。我在他的办公室坐下以后,他点了一支烟,仔细地打量着我。

"我的董事们说,我无权去做我正在努力的这件事,"他说,"因为你是一个外人,不是银行的一个雇员,我不能把我在银行业的权力授权给你。"他停顿了一下,然后说出了他的问题:"尤努斯,你真的想开一个我们银行的支行吗?"

"不,一点儿也不。我只想借钱给穷人。"我回答说。

"你还想当教授吗?"

"嗯,教书是我唯一会做的一件事。我热爱教书。"

"我不是在对你施加压力。我只是在把我的思考讲出来。"阿尼苏扎曼把头向后靠回去,向天花板吐了一口烟,"你可以放弃你在大学的工作而成为我们银行的一个雇员。那样,我让你做我的副手就容易了,我就可以授权给你而不怕董事会的不满了。"

"谢谢你,但我对成为一个银行家没有真正的兴趣。"我回答说,"我还是愿意当个教授。我有一个系要管理,有学生和教授们要照看,还要适应大学里的一些政治环境。我只是用我的左手做这项减轻贫困的工作,我一直是这样做的。我愿意提名我的一个学生来做那个分行的经理。"

阿尼苏扎曼凝视着办公室的窗外,任他的香烟缭绕散发。我可以看出,他头脑中正在转着各种各样的主意。"如果我不让你在法律上负责那个分行如何?从官方上讲,那个分行由该地区经理监管,但是从非官方上讲,他会做你吩咐他做的一切。他会从你这儿接受命令。如果有什么不同寻常的事,他会到总部来,而我会批准的。你要提交一份那些目前正在乔布拉村为你工作的学生的名单。他们中的一个人可以成为那个分行的经理,其他人可以成为银行的雇员。"

想到我的同事们——阿萨德、努加罕和詹娜——平生第一次,终于要有实实在在的有薪水的工作了,我不禁莞尔。"我会称它为格莱珉分行。"我说。

阿尼苏扎曼点点头。"农行的格莱珉试验分行。听起来如何?"

"非常好。"

我们两个人都笑了。他站起身来,我们走到窗口旁。窗外,城市的喧嚣正在奔腾涌流,我看到一些带着婴儿的赤脚乞丐,睡在街边的女人,还有四肢残疾、身体消瘦的孩子们。

"城市的穷人是另一个问题。"阿尼苏扎曼长叹一声说。

"如果我们能在乡村减轻贫困,涌到达卡阻塞街道的穷人就会减少了。"我说。

他慢慢地点了点头:"祝你好运,教授。"

* * *

我立即投入到工作之中。我虽然仍是大学的一名全职教授,但将每天的大部分时间投入到管理我们的农行乔布拉分行上面，工作人员仍是我原来的那些学生。工作进度比与贾纳塔银行合作时快了一些，而且我不再需要亲自为每一笔贷款担保了。但是，我们的贷款者仍不足五百人。虽然有许多成功的个例，但是看起来，我们并未在村庄积年已久的贫穷之中产生突破性进展。

1978年初，我应邀主持由中央银行组织的一个名为"资助乡村穷人"的研讨会。那个研讨会由美国国际开发署（USAID）主办，俄亥俄州立大学的一些专家出席了会议。这些美国专家辩说，借贷给农民的关键是要把利率定高。他们认为，有较高利息的压力，农民就会更加持续地还款。

这在我看来是讲不通的。我辩驳说："孟加拉的农民在绝望的时候，无论向他们收取多高的利息，他们都会借钱的。他们甚至会去向一个威胁要拿走他们所有一切的高利贷者借钱。"会议室中的那些人不安地看着我。"我会付给农民一种负利率。"我解释说，"我会借给他们100塔卡（大约5美元），如果一个农民还给我90塔卡，我就免去他那10塔卡的债。你们看，借贷给农民的真正问题是把本收回来，而不是利息。"

我当时是在故意挑衅。这些政策专家想使贷款成为十分困难的事，于是就只有那些有经验的农民和手艺人才敢借钱。而我则想把这件事搞得容易一些，这样，人们就会更愿意偿还他们的贷款了。

一位年长的银行家对我的讲述甚不耐烦。"尤努斯教授，"

他开了口,"您的乔布拉试验算不了什么,与我们所经管的国有大银行相比,不过是件微不足道的小事。我们并不是平白无故就花白了头发的。请让我们看到在整个地区而不只是一个村子取得的成功吧。"

他的挑战并没有使我吃惊。大多数银行家都没有拿我当回事,他们曲解我扩展项目的动机,并坚持认为,那在全国水平上是行不通的。

在整个讨论的过程中,中央银行副行长阿希特·库马尔·甘戈帕德海亚(Asit Kumar Gangopadhaya)先生自始至终地倾听着。会议结束后,他把我叫到办公室,问我是否认真地想扩展我的试验。我告诉他是的。一个月以后,他邀请我出席一个由那些国有银行的所有董事经理出席的会议,讨论我的提议。

经理们对我的态度宽容而居高临下。当甘戈帕德海亚要求他们支持时,他们说:"当然,根本没有问题。"但那显然是为了取悦他的随口应承。实际上他们非常保守。他们认为,那些贷款者偿还贷款都是因为我是个可敬的大学教授,小额贷款项目所以能在吉大港奏效是因为那是我土生土长的城市。我试图解释说,穷人并不上我的大学,他们的亲人中也没有人会读会写,而且我在学术方面的声望对于他们来说毫无意义,但是围桌而坐的董事们听不进去。如果我真要展示这个试验项目是可以被任何其他银行复制的,我就得辞去教授职位做一个银行家,在另一个地区建立起一个格莱珉分行。

＊　　＊　　＊

最终，我还是那样做了。吉大港大学批准我离职两年。1979年6月6日，还没来得及弄明白情形，我就正式加入了坦盖尔地区（Tangail）的格莱珉分行试验项目。

选中坦盖尔是因为它离达卡很近，便于达卡的官员判断试验项目是否对村民们产生了任何真正的影响。他们同意，每一家国有银行提供三家分行允许我们使用——其中一家小银行只提供了一家分行——这样，我们在坦盖尔一共有了十九个分行，在吉大港有六个，还有我们已经在乔布拉村建立的农行试验分行。突然之间，格莱珉壮大到了二十五个分行。

坦盖尔正处于宛如战时的动荡之中，一个名为"人民军队"的地下组织的武装团伙在乡间肆虐。这些游击队随意开枪，毫无顾忌地杀人，在每个村子我们都碰到倒毙在路中间、吊死在树上或被枪杀倒在墙边的尸体。乡间到处散布着解放战争遗留下来的武器弹药。当地的社区负责人大多为了保命逃跑了，躲在邻居家里或住到坦盖尔城的旅馆里。整个地区既没有法律也没有秩序。

我们，一个羽翼未丰的银行试验规划，面对流血和杀戮，能有什么作为呢？我们为新招募的那些要独自在偏远的村庄工作生活的分行经理与银行工作人员的人身安全深感担忧。更糟的是，我们雇用的工作人员中有许多是有极端倾向的年轻学生，他们很容易受到武装的游击队的影响。（我们过后发现，事实上,一些工作人员在开始为我们工作之前,一直都是"人民军队"的活跃分子。)

那是一年中最炎热的时候,稍微动一下都会使人筋疲力尽。白天,路上空无一人,人们站在树下,祈祷来一场突然的夏日暴风雨。我们经过的村子十分凄凉,人们极度贫苦消瘦,于是我知道,我来对了地方。这是最需要我们的地方。

在那些允许我们使用的银行分行,职员们因为工作负担加重而对我们愤愤然。他们无数次地拒绝提供服务或是和我们找别扭。有一次,情况恶化到那种地步:我们自己的一个员工用枪瞄准了一个当地的商业银行经理,威胁说,如果再不拨给格莱珉的贷款者更多贷款就杀死他。我们不得不解雇了那个工作人员。受到威胁的经理要求调回达卡,那件事使得我们和那家银行的关系更加恶化了。

我们没有放弃。我们尽可能地自己多做工作,而没有依靠那些靠不住的国有银行的工作人员。结果发现,那些前"人民军队"分子都是出色的工作人员。这些地下斗士都很年轻(通常是18到20岁),工作努力,有奉献精神。他们曾经想用枪和革命解放这个国家,现在,他们又在同样的村庄里奔走着,向一无所有的人们推广小额贷款。他们需要一个事业来为之奋斗,我们将他们的精力引导到更有建设性的事业上,而非恐怖主义。只要他们放下枪,我们就很高兴地雇用他们作为银行工作人员。

一开始,只有乔布拉村的几个骨干人员和我同来:我的年轻同事阿萨德、迪帕尔和谢赫·阿布杜德·戴杨(Sheikh Abdud Daiyan)。随后,当情势比较安全以后,我将同在乔布拉村工作过的两个女同事也带来了:努加罕和詹娜。我搬到一个还没完工的建筑里,我住三层的小房间,工人们仍在我周围工作着。在拉马丹期间,我打破了每日的斋戒,吃传统的清淡的伊夫塔(iftar)晚餐:用糖和碾碎的椰子腌甜的碎米(chira),用红辣椒炸过的鸡豆,芒果片,还有撒上绿辣椒和洋葱的炸过后磨碎的兰豆(lentils)。

我的办公室里没有卫生间。白天我需要方便的时候,不得不去打扰我的邻居。在最初那些困难的日子里,当地人的慷慨使我保持高昂的情绪。夜晚,经常会有一个住在邻近破茅草屋里的老人给我端来 pantabhat,那是将剩米饭泡在水里发酵,浇上炸辣椒、生洋葱,再加上剩菜的食物。但是格莱珉有规矩,不得接受任何贷款者或村民的食物或礼物。我只得很不情愿地谢绝了他送来的食物。

我的每一个小小的决定都必须在达卡中央银行的每月例会上进行复审。例会由参与这一试验的各银行所有董事经理参加,这是一个迟缓拖沓的过程。例如,我们在第37号决议上浪费了两个小时,就是否该给银行工作人员配备手电筒以便其在乡间走夜路而争论不休。一个董事经理认为,孟加拉的乡村生活不应该被手电筒的输入而"毁坏",他想要我们的银行工作者使用老式的灯笼和煤油灯。与那些不断指责格莱珉改变了孟加拉乡村的社会根源的社会人类学家一样,这位银行家不愿允许引入任何听上去非传统的东西。富足总是带来变化,这又能算得了什么障碍呢?我为能带来变化而不遗余力。如果那个董事经理生活在坦盖尔和吉大港最穷的村子里的话,他也会全力那样做的。

1980年3月,我在达卡举行了一个盛大的再婚仪式。我和薇拉的婚姻几年以前就结束了。1977年3月在生下我们的女儿莫尼卡不久,薇拉决意离开孟加拉,她说,这不是一个抚养孩子的好地方。虽然我们仍然彼此相爱,但就是无法在同一个地方定居这一点上达成一致。薇拉拒绝留下来,而我无法放弃孟加拉。我们非常悲伤地协定在那年12月离婚了。与来自和我截然不同的文化背景的薇拉相对照,阿芙罗兹·贝格姆(Afrozi Begum)是曼彻斯特大学高端物理学方面的一位孟加拉研究员。她和我一样,在东西方世界都能应付裕如。结婚后的几个月里,阿芙罗兹仍在英国完成她的研究,我在坦盖尔工作,但很快她就到坦盖尔来和我团聚,同住在办公楼的三层。从那时起,我们总是住在离办公室很近的地方,甚至今天,我们还是生活在办公大楼的楼群中。唯一不同的是,现在我们有了女儿迪娜·阿芙罗兹·尤努斯(Deena Afroz Yunus),她生于1986年1月24日。

到1982年11月,格莱珉银行的成员增长至两万八千人,其中将近一半是妇女。我们是如何从1979年的五百名乔布拉成员而达成这一飞跃的呢?我们的坦盖尔扩展的成功没有任何奥秘,但是最重要的,肯定是我们的银行工作者和经理们的努力与献身精神。很早我们就认识到挑选富有活力的年轻人来管理分行的重要性。使人吃惊的是,先前没有任何工作经验的人最合适做这件事。以前的工作经历会使刚参加工作的人分心,难以专注于格莱珉的理想与独特的操作程式。

许多年轻经理都将格莱珉看作一个重大的机会,他们喜爱试验与冒险带给人的快感。经理负有建立起当地格莱珉分行的责任,他要为未来办公室选址,并画出那个地区的地图。他要就那个村子的历史、文化、经济与贫困状况等写出报告。为了使格莱珉广为人知,那位经理会将相邻几个村包括村长在内的人都请来,参加一个"发布会"。会上,一个格莱珉的高级官员详细解释本银行的运作程序,请村民们自由选择是否接受格莱珉及其所有规章。如果被拒绝,本银行就保证离开这个地区。到目前为止,还没有人要求我们离开,但我们想从一开始就做得很清楚,即:由他们选择是否接受我们。

在一家为穷人服务的银行工作是高度专业的,从规划到设计再到实地一对一的接触,件件工作都是如此。访问格莱珉的客人经常问我:"是什么使得格莱珉的员工或经理如此不同于其他年轻人?他们为什么会乐于在如此恶劣的条件下工作呢?"我认为,在很大程度上,答案在于对银行雇员的培训规划,而那一规划就是出自20世纪80年代初期我和我的工作人员在坦盖尔时那些每周非正式的工作会议。大多数人在谈论有关扶贫规划的培训时，他们的意思是指要教给穷人新的技能。而在格莱珉，如果我们有任何为贷款者提供的正式培训的话，也是微乎其微的。然而我们培训我们的工作人员，将他们塑造成反贫困斗士的精英团队。

任何有硕士学位，或者至少通过了学士学位所有考试的28岁以下青年，都有资格申请成为我们银行的一名经理。我们在全国性的报纸上登广告，收到了大量的申请。这些申请人中半数都有可能成为格莱珉银行的一流经理。但是由于我们的培训设施有限，对申请人面试之后只能筛选出有限的人选。我们要求入选者到培训机构报到，在那儿接受两天讲解介绍之后，就被分派到各个支行去，在接下来的六个月时间里，在那里继续接受培训。在他们离开以前，培训机构的工作人员告诉他们："要仔细观察一切。你们今后的任务将是自己建立起一个格莱珉分行，它要处处优于你实习了六个月的那个分行。"

这样，接受培训者通过观察其他人如何掌管我们的一家分行，来发现并了解格莱珉。我们使每一个新加入的年轻工作者沉浸在格莱珉的文化中，沉浸在穷人的文化中，教给他或她去看重赤贫者那未被开发的潜力。我们的培训课程很简单，但是艰苦严格，大部分是自学自教，没有阅读材料，也没有计算机教程。我们发现，孟加拉的村庄使年轻人对生活的了解，比从任何书本上得到的都要多得多。在这段时间，我们鼓励他们对所见的一切提出批评，提出任何修改或改进的建议。当重新会聚在达卡总部的培训部时，他们向同事们讲解自己的改进建议。这些经过一段实地实习的学员总是会带来清新的空气，还带来敏锐的观察与尖锐的批评。在他们的报告里经常会指出，我们神圣的规章被违反了，或是我们钟表般精准的运作正在崩溃。他们的主要计划包括修改运作方式，对违规者进行严惩等建议。在接下来的公开辩论中，这些批评会渐渐地不复那么锋芒毕露，但在他们的报告中，确会有许多真实的东西。我们鼓励这些焕发精神的辩论，因为革新只能出自宽容、多样化和好奇的氛围之中。

与我们的经理不同，银行工作人员没有硕士学位，他们只受过两年大专教育。如果进入政府机关，他们可能是地位较低的服务生或办公室的勤杂人员，处于办公机构等级制度的最底层。我们每年都接到成千上万的要求成为银行工作者的求职申请，不幸的是，我们只能接受大约十分之一的申请者。

我们有意招收来自不同经济背景的学员。来面试的应聘者中绝大多数人（男性的85%，女性的97%）以前从没来过达卡。他们的父母常常要卖掉庄稼、树木、奶牛、羊或是首饰，来筹集他们应聘之行所需的费用。至少有一半申请人得靠父母借钱筹集旅费，其中许多是从放贷者那里借钱。我们的申请人中多半都是在面试当天到达达卡，因为他们在当地没有亲朋可以借宿，也没钱住旅馆或招待所。

几乎我们所有的申请人都是具有强烈的传统价值观念的善

良的人。大多一天祷告五次，那是一个穆斯林需要做到的。银行的工作艰苦，但入选者都很看重这个工作给予他们的安全感、尊重、自信与机会。他们在格莱珉工作的前景非常美好，虽然我们付的工资只相当于政府部门工作人员的初级工资，但我们发现，那些工资高得多的私有银行很少能够将我们的工作人员挖走。是什么使我们的工作人员如此忠诚？是工作本身吗？是培训吗？是他们之间结成的友谊吗？是他们个人迎接挑战的感觉，以及他们从帮助自己的国家而实现的自我价值吗？我想，每一个工作人员都会有他或她自己的原因。在任何情况下，我们都鼓励我们的工作人员了解政治与社会状况，而且我们信任他们能够对客观现实做出分析，得出自己的结论。最重要的是，我们想在员工中间建立一种解决问题的态度。我们坚定地相信，每一个问题都有各种各样的解决方法，我们的工作是从中挑选最好的方法。

与其他商业银行不同，我们的工作人员更把自己看作教师。他们帮助贷款者充分开发其潜力，发现自身的力量，以从未有过的程度扩展他们的能力。从这个意义上讲，他们的确是教师。我也把自己看作一名教师。格莱珉的许多高级官员都曾是我在吉大港大学的学生，他们更把我看作一个老师，而非老板，这使我很高兴。和老板在一起，一个人必须中规中矩，但和老师在一起，关系就更随便，甚至可以是精神层面的关系。人们可以更自由地讨论自己的问题和弱点，可以承认自己的错误，而不必惧怕引发官方的惩罚。传统的银行官员需要他们的办公室、他们的文件、他们的办公桌、他们的电话来作为辅助，没有这些道具，他们就会茫然迷失。但是你可以把所有这些东西从一名格莱珉雇员那里拿走，而他或她仍有着一名教师的心态。

* * *

这是我们格莱珉银行现有一万两千名雇员中典型的一名员工，与其典型的一天工作安排：

1. 姓名：阿赫塔·霍桑（Akhtar Hossain）
2. 年龄：27岁
3. 每月薪金（1995年）：2200塔卡（66美元），含住房补贴、医疗补贴和交通补贴
4. 奖金：一个月工资，在两个Eid节期间付给。

- 早6点：阿赫塔起床，洗漱，祷告，吃早餐。
- 早7点：阿赫塔从分行取了他的自行车、文件与背包，骑车前往一个中心。
- 早7点30分，四十名银行贷款人在中心等候阿赫塔。他们按小组分八排坐好，每一个组长拿着五个组员的存折。阿赫塔从每个小组那里收取还款和存款。
- 上午9点30分，阿赫塔骑车到另一个中心参加他的第二个会议。在一周里他要去十个不同的中心，会

见他所负责的四百名贷款人，收取一般性贷款、季节性贷款和住房贷款的还款，并收取存款。
- 上午11点钟，对贷款者进行家访，并提出建议。这是跟踪了解贷款者需要与问题的重要方法。
- 中午，回到分行办公室，阿赫塔填写所有的报告表格，并将分类账目一一填好，由分行经理签名验收。
- 下午1点30分到2点，阿赫塔和同事们一起吃午饭。
- 下午2点，与全体工作人员一起帮助分行经理做贷款分发工作，上午收来的款子都要作为新的贷款在下午发放出去。
- 下午3点，贷款发放完毕以后，阿赫塔与同事们将新的贷款信息登录入账。
- 下午4点30分，阿赫塔喝茶休息，与同事们聊天。
- 下午5点到6点30分，阿赫塔去一个在贷款方面有问题的中心，或是为当地的孩子组织课外教育。
- 晚7点，阿赫塔回到办公室，将一些案头工作做完，下班。

在坦盖尔扩展期间，我们还开发出一个建立新的分行的程序。每当格莱珉要在一个新的地方开办分行时，我们都尽量将工作做得缓慢审慎。没有一个分行会在运营的第一年里就试图超过一百个贷款者。只有当一家分行的头一百笔贷款成功得到完全偿还以后，它才能获准加速运作去发展更多的贷款者。我们不是要强迫别人去做任何他们不想做的事，我们的目的是使穷人释放出潜力而为他们自己创造更好的生活。为什么要匆忙呢？格莱珉的目的是建立一个行之有效的体系，而不是仓促实行一种可能令其借贷者失望的服务。因此，我们将初始规模控制得很小。通常，一名经理与一名副经理来到一个格莱珉已经决定要建立分行的地区，而这名副经理最终将要负责建立起他或她自己的新支行。他们来并没有任何正式的引见介绍。他们没有办公室，没有住的地方，没有什么可以接头的关系。他们的第一个任务就是，如实地记述有关这个地区的一切。

为他们所做的准备工作为什么如此之少呢？我们是想要他们的出现尽可能地不同于一般的政府官员，那些人通常受到热烈欢迎和盛宴款待，并舒适地下榻在富有的村民家里。格莱珉努力用新鲜的思想与谦虚的形式创建一个新的"官员"品牌。因此，我们的经理和工作人员们住宿必须付费，而且不允许住宿奢费。他们可以在被废弃的空房子、学校招待处或当地的议会办公处住宿。他们被禁止应邀去富人家赴宴，我们的解释是，这样做违反格莱珉的规定。

每一天，新的分行经理与副经理都要步行若干英里会见村民，向他们讲解组成借贷小组的程序，还有我们关于"只接受处于最劣势的人"的政策——指那些住在远离将要设立分行的地点的妇女。无论下雨还是晴天，他们从不停止访贫。他们不可以通过委任村民作代理，那是政府官员们的一贯做法。最终，是他们的苦干而不是言辞，缓和了村民们的态度。

而这个过程仍可能是一场艰苦的斗争。常见的情况是，村民们根本不相信这些谦恭的访客是银行的官员。往往是当地的教师最先辨认出这些客人是受过良好教育的，但是这些教师都没上过大学，他们简直难以相信任何有硕士学位的人会在如此糟糕的村子里工作，还要每天步行好几英里，与如此穷困的人打交道。新经理们常常受到村子里宗教与政治头脑人物的怀疑。在坦盖尔，我们首次遭遇了保守的宗教人士的大规模反对。那些家伙无数次地宣扬说，妇女从格莱珉接受贷款就是擅入禁止女人进入的邪恶领域，他们试图以此来吓住没有受过教育的村民们。他们警告妇女：如果加入格莱珉就将受到惩罚，死后不得以伊斯兰葬礼安葬——对于一个一无所有的妇女来说，那实在是太可怕了。

还有一些经常在村民之间散播的流言，对格莱珉的工作人员来说极其荒谬可笑，而对于一个贫苦妇女来说就是极其可怕的了。35岁的马哈拉尼·达斯（Maharani Das），来自巴图卡里（Pathuakali）的沿海地区，别人告诉她，和格莱珉接触就会把她变成一个天主教徒。她的家人为了禁止她加入格莱珉打过她好多次。20岁的穆萨玛特·库提·贝格姆（Musammat Kuti Begum）来自福里德布尔（Faridpur），尽管别人警告她格莱珉会把她送到中东卖到奴隶市场，她还是加入了。35岁的莫桑马特·马尼简·比比（Mosammat Manikjan Bibi），来自派帕拉（Paipara），她说："那些高利贷者和有钱人告诉我，如果加入格莱珉，我就是一个坏穆斯林，那家银行还会把我带到海上再扔到海底。"曼奇拉·卡图恩（Manzira Khatun）38岁，来自拉杰沙希（Rajshahi）地区，她听说，如果加入格莱珉就会受到酷刑，胳膊上被刺上许多刺青，并被卖到妓院去。据说，格莱珉会将妇女转变成天主教徒，使妇女不恪守"遮蔽"的规矩从而摧毁伊斯兰，窃取房屋和财产，拐带妇女贷款者，携带还贷的款子逃走。格莱珉还从属于一个国际走私集团，或是一个新的东印度公司，该公司会像两个半世纪以前的英国人那样，使孟加拉重新沦为殖民地。

以上只是其中区区几例，一旦谣言开始传播，局势就可能很快紧张起来。例如在坦盖尔的一个村子，一个宗教领头人威胁要对我们的经理动武。经理看到根本无法和那个毛拉理论，便不声不响地关闭了分行，离开了村子。他告诉那些想要加入格莱珉的人，他的生命安全受到威胁，他们只得到邻村去参加预备会议了。一些妇女为了组成小组加入格莱珉，每天都得跋涉到邻村去。但另一些人由于看到格莱珉帮助邻村居民生活得到了改善而受到鼓舞，就走去见那个宗教领头人，和他争辩。

"你干吗要威胁那个格莱珉经理？"他们问道，"格莱珉到我们村来，只是来做好事的。"

"你们想下地狱吗？"毛拉回答说，"格莱珉是一个天主教组织！它想破坏'遮蔽'的规矩。它就是为了这个目的来的。"

"那个格莱珉的经理是个穆斯林，他对《古兰经》比你还了解呢！而且，格莱珉允许我们在家工作，不用出门就可以脱粒、织地席，或是做竹凳。银行都开到我们家里来了，那怎么违反'遮蔽'规矩了？在这儿，唯一违反'遮蔽'的人就是你，让我们不得不走上好几英里到邻村去你才高兴了？是你正在破坏我们的生活方式，而不是格莱珉。"

"去找那个放贷人吧，他是个好穆斯林。"那个不知所措的毛拉回答说。

"他要收取10%的利息！如果你不让我们从格莱珉借钱，那你就借我们钱。"

"别缠着我。白天黑夜的，你们的骚扰真让我受够了。"

"是你不让格莱珉到这儿来，是你骚扰了我们。"那个妇女回答说，"你得让格莱珉进我们村，不然我们就不走。我们每天都来骚扰你。直到你让那个银行进来。"

"哦，那好吧，你们都下地狱去吧。如果你们自己想要万劫不复，就加入格莱珉去吧。我反正已经尽力挽救过你们了，谁也不能说我没有尽力警告过你们。滚吧，借钱去吧，找死去吧！"

那些大喜过望的妇女急忙结帮成伙跑到邻村，告诉那个格莱珉的经理，她们已经和毛拉谈好了，毛拉不再反对，他现在可以回来了。经理感谢她们为他所做的执着努力，但是他说，只有当那个威胁过他的人本人来请求时他才会返回。他不想有任何误解,也不想自己和格莱珉的同事们受到任何人身安全的威胁。

于是那些妇女回到了自己的村子,又去找她们的毛拉,又开始和他争辩,直到他被整个事情搞得厌倦不堪,他真希望从来没有卷入过。最终他实在没有办法了,只得同意邀请那个经理再回到他的村子里来。这当然不是特别盛情的邀请,但大家都听到了,那是最重要的。

那些最绝望的、没有食物的、被丈夫遗弃的、只能靠乞讨来养活孩子的妇女,通常是最坚决的,不管谁威胁她们都要加入格莱珉银行。她们别无选择。有时,她们如果不从我们这里借贷,就得眼睁睁地看着孩子们死去。那些被可怕流言震慑的旁观者很快也发现,格莱珉的经理对于一些宗教问题的理解经常要比那些说他们是反穆斯林的指责者更为深刻呢。

我们相信,伊斯兰教根本就不是通过小额贷款规划消除贫困的障碍。伊斯兰并不是完全地禁止妇女通过自己谋生而改善其经济状况。1994年,伊朗总统的妇女事务顾问到达卡来访问我,我问她对格莱珉是什么看法,她说:"在伊斯兰教法或《古兰经》中,没有任何内容是反对你们事业的。妇女为什么应该饥饿贫穷呢?相反,你们正在做的事太棒了。在你们的帮助下,整整一代儿童受到教育。多亏了格莱珉的贷款,妇女才可以在家,而不是到外面去工作。"

许多伊斯兰的学者也告诉我们,伊斯兰教法关于禁止收取利息的内容，不能应用于格莱珉，因为格莱珉的贷款者同时也是银行的所有者。宗教禁止收取利息的目的是使穷人免受高利贷的剥削，但是，在穷人拥有属于自己的银行的情况下，利息完全是付给了他们共同拥有的公司，因而也就是付给了他们本人。

但是，要培训我们的银行工作人员学会如何克服来自政治与宗教领头的敌对，而不会危及他们自身及其所服务的妇女们的安全，仍是一个很大的挑战。我们尝试了各种各样的方法，几年下来，我们学会了，我们应该先从村里的一个小角落悄悄地开展业务。一旦有几个绝望的妇女相信并加入了格莱珉，情形就改变了。她们得到了钱，开始挣到多一点的收入，在她们身上没有发生任何可怕的事。其他人也开始表示出兴趣。我们发现，在起初的抵制阶段过后，贷款小组会迅速地组织起来。僵局终于被打破，曾经拒绝我们的那些妇女开始说了："为什么不呢？我也需要钱。事实上，我比那些已经加入的人更需要钱呢。而且我可以更好地使用它！"人们渐渐地开始接受我们，抵制渐渐消退了。然而，在每一个新开展工作的村子，都会有一场硬仗。

在数以千计的村子里重复经历所有这些斗争之后，再听到人们对我们的成就不屑一顾，说什么格莱珉的成功是由于一些无法复制的地域文化方面的因素，真是令人愤怒。为了在孟加拉取得成功，我们不得不在许多方面与我们的文化做斗争。事实上，我们不得不去建立一种反传统的文化，珍视妇女的经济贡献，奖励苦干和惩治贪污。格莱珉积极致力于打破付嫁妆的惯例以及对于"遮蔽"习俗过于苛刻的解释。真的，如果谁想找一个最难推行像格莱珉银行这样规划的国家，那么我认为，孟加拉肯定排第一位。当我们看到格莱珉的模式在菲律宾、马来西亚、越南、南非和玻利维亚——仅列举这几个国家——蓬勃发展起来的时候，一次次使我们回想起来，在我们自己的祖国，面对缺乏活力的经济、保守的精英阶层，还有频仍的自然灾害，我们曾不得不去克服了多少巨大的障碍啊！

* * *

到1981年底，当我们在坦盖尔的两年试验行将结束的时候，中央银行要求其会员商业银行的董事经理们对格莱珉的工作做个评估。他们的反应使我困惑：他们把格莱珉的成功归结为一个因素——我本人与我的工作人员的敬业献身。他们仍然确信，格莱珉的概念是无法扩展的。

"格莱珉并不是一家真正的银行，"一个经理说，"格莱珉的工作人员都不坐在办公室里按银行家的钟点上班。他们日复一日地工作到深夜，并且像童子军那样挨家挨户地去做工作。这不是一个我们可以复制的模式。它过于依赖尤努斯教授的人格品质了。我们不可能在每一个分行都有一个尤努斯。"

我很愤怒。凭什么我们努力工作却要受到打击呢？这些总裁拒不承认格莱珉建立起了一个可能引发银行业本质革命的新型银行架构，一种新的经济概念，而是不断地试图把我们的成功归结于我个人与我的工作人员的自身努力。这与两年以前我们在乔布拉村进行很小范围的试验时我所听到的反映,一模一样。

但是这种遁词掩盖着一种更大的忧虑。这些商业银行家宁愿将大笔的钱借给很少数的客户,而相反的是,我们以拥有众多贷款者而骄傲。我们的年度报告列出了成千上万笔小额贷款项目,都被用来做各式各样新的生意:从脱粒到做冰淇淋的棍,做黄铜贸易,修理收音机,加工芥末油,或是培育榴梿。

环顾着围桌而坐的这些表情严肃的人,我接受了他们的挑战。"好吧,"我说,"你们为什么不把我们的试验扩展到一个很大而分散的地区呢?你们尽可挑选能够找到的最贫穷、最边远的地方吧。要确保地域分散,相隔很远,那样,我就根本不可能同时出现在所有地方了。"

我拿起纸笔,当时就画出了一个格莱珉试验的五年扩展规划。我还向中央银行承诺,不会要他们花一分钱。我们从别处筹集实施那一规划所需的资金。

* * *

自从在吉大港执教时起,在我要求支援时总会有一个国际组织来支持我。这就是福特基金会。林肯·陈(Lincoln Chen)、史蒂芬·彼格斯(Stephen Biggs)、彼尔·富勒(Bill Fuller),还有其他人,支持了我们的事业。在那个特定的时期,福特基金会对我们的试验尤其感兴趣,并积极帮助我们消除那些商业银行家的疑虑。当时福特基金会驻孟加拉的代表亚德里安·杰曼（Adrienne Germain）请了两位美国银行家作顾问，对我们的工作进行评估。玛丽·霍顿（Mary Houghton）与罗恩·格齐文斯基（Ron Grzywinski）都来自芝加哥南岸银行，他们到达卡访问我们，还去了许多村子访问，看到的东西使他们深受感动。

1981年我告诉亚德里安说："我需要一笔机动的资金，用它来应付我们日常工作中的问题。我还需要给为我们提供资金的商业银行家提供一项担保，这样，他们就不会借口规划扩展风险过大而退出了。"

由罗恩和玛丽推荐，福特基金会同意向我们提供80万美元作为保证金。我向他们保证，我们根本不会去动它。"有这笔钱在那儿，就会带来神奇的效果。"我说。

它的作用就是如此。我们把那笔资金存在伦敦的一家银行里，从未取用过一镑。

我们还从总部设在罗马的国际农业开发基金（IFAD）商贷了340万美元。这笔款项与从孟加拉中央银行贷出的一笔贷款对应，将在之后三年内用于五个地区的格莱珉扩展规划。

于是，在1982年，我们启动了覆盖五个互不相连的地区的扩展规划，它们是：位于这个国家中部的达卡地区，东南的吉大港地区，东北的伦格布尔（Rangpur），南部的博杜阿卡利（Patuakhali）和北部的坦盖尔。至1981年底，我们累计发放的贷款总额是1340万美元，而仅在1982年一年，我们贷出的金额又新增了1005万美元。

第七章

一家为穷人服务的银行诞生了

虽然孟加拉人口有一亿两千万之多,但它完全被一小撮人掌控,他们彼此大多是大学时期的朋友。孟加拉的这种社会政治方面的不幸特色常常能帮助格莱珉克服一些仿佛不可逾越的官僚障碍。举A. M. A. 穆希思为例,我在美国教书时,他是巴基斯坦驻华盛顿大使馆的商务参赞,解放战争时期我们配合进行游说美国政府的工作,并努力争取赢得美国公众对我们事业的支持。我们是朋友。

1982年,我们又在库米拉的孟加拉乡村发展学院(Bangladesh Academy for Rural Development)见面了。我到那里是要提交一份有关格莱珉银行未来发展规划的报告。当我们在会议厅聚齐时,得到了消息:一场军事政变颠覆了平民政府,军队首领侯赛因·穆罕默德·阿萨德将军(Hussain Muhammad Ershad)夺取了政权并宣布戒严。由于不许我们离开那栋大楼并且禁止任何会议,穆希思和我与所有其他代表都坐在学院的食堂里聊天。

当穆希思还是一名行政人员的时候他就很仰慕格莱珉,甚至希望在他自己的村里也开展格莱珉试验。困在会议室里,我用了大半天时间向他解释将格莱珉办成一个独立银行的理想,还讲到那些政府里的公仆与中央银行的官僚体制如何与我作对。这天结束时,军方解除了对公众活动的限制,我们回到了达卡。

几天之后,穆希思出人意料地被新政府提名为财务大臣。于是,我在学院"浪费"的那一天工夫就对格莱珉产生了决定性的影响。几个月以后,我见到了穆希思并请求帮助。他主动建议将格莱珉事宜放在中央银行下个月度会议的日程上。那是个很艰难的会议,穆希思面对的是来自所有国有银行的董事经理们暴风雨般的反对意见,他们提出一打理由说明将格莱珉转变为一个独立银行是不明智的。

会后,穆希思把我拉到一边,问我:"尤努斯,你有耐心吗?"

"有,我也只剩下耐心了。"我说。

"那好,那就让我来用我的方法处理这件事吧。"

两个月以后,穆希思又召开了一次由七名董事经理参加的会议,格莱珉试验就是通过这七名经理所在银行的分行进行的。他又一次提出有关格莱珉未来的那个有争议的问题,所有的人又都说,格莱珉的作为使人印象深刻,但如果要将其转变成独立银行将会是一场灾难。

一位董事经理说:"尤努斯将不得不负担许多现在是由我们所承担的管理费用。他还没有意识到他那种贫困银行需要的时间和开销会有多大。"

另一位经理说:"尤努斯,您为什么不就在我们银行建立一个部门,通过我们来工作呢?那对于您不是更合适吗?"

"不,那不合适,"我说,"那样我就不得不采用贵行的规章与程序了。在坦盖尔我们已经看到那是极为困难、近乎不可能的。"

"你们会赔钱的。"另一位董事经理警告说。

"它绝对不会成功的。"另一位说。

"那些工作人员会欺骗您的。您不知道内部控制是怎么回事,您不是个银行家,从没掌管过一个银行。您是位教授。"

幸运的是,财政部长赛义德扎曼(Syeduzzaman)先生也是格莱珉的朋友。穆希思赢得了他的支持,将我的提案直接呈交总统。作为军事独裁者的总统没有政治合法性,也许他从格莱珉看到了一个获取政治资本的机会。无论他是怎么想的,情况的发展对我们有利。有总统的支持,将提案呈送内阁不过就是走走形式而已了。内阁没有提出任何新问题就批准了提案,并责成财政部实施这一规划。

我希望新的格莱珉银行百分之百地由贷款者所拥有,在提案中我也始终是如此表达的。但是财政大臣穆希思确信,如果我提出给政府一部分股权的话,提案获得通过的可能性就会更大。为了寻求帮助，我去找卡马尔·侯赛因（Kamal Hossain）博士，他是前外交大臣，孟加拉首位总统的高级助手，在孟加拉宪法的起草过程中扮演核心角色。

侯赛因非常欣赏格莱珉，马上接手了为我们起草法律构架的所有细节工作。他建议，我们主动提出将40%股份给政府，60%留给我们的借贷者。我们经过无数稿的反复，没完没了地详细讨论每一段、每一行、每一个字。最后我们将文稿送呈财政部。

1983年9月末，我正在伦格布尔旅行时接到电话，被告知总统已经签署了公告书，格莱珉银行诞生了。那是欢欣鼓舞的一天。我在乔布拉的小小试验成长为一个正式的金融机构了！但是当我终于回到达卡看到公告书的全文时，我震惊地看到，拥有权的比例被颠倒了——政府保留60%所有权，而只批给贷款者40%。事实上，格莱珉成了一家政府拥有的银行。我感到被出卖了。

我做的第一件事就是给财政大臣打电话。穆希思是个很有耐心的人，他很同情我的立场。"尤努斯，我知道你生我的气，"他开始说，"但是你想要建立一个银行，是不是？这是我能为你做到这件事的唯一途径。"

"但是这违背了我所为之奋斗的一切。"我说。

"不，并不违背。我为你的银行有一个非常清楚的计划，我不想它被毙掉。如果我用你的方法呈送那份提议，它根本就不会被内阁通过,所以我把它做了变动以便得到内阁的批准。现在你就去着手把这家银行建立起来吧。一旦它建立起来,你可以再来财政部变更所有权的结构。那会容易得多的。我向你保证,一定在两年之内把所有权的比例颠倒过来。我向你承诺。"

我不是十分确信,回去和同事们讨论,大家都感到别无选择,不管喜不喜欢,格莱珉银行已经诞生了。我们最好随遇而安,导引它向正确的方向前进。格莱珉立即展开了作为独立银行的全面运作。我们与所有的商业银行签署了贷款协议,接管我们在其间的债权债务,于1983年10月1日生效。第一个工作日就落在10月2日,我们决定举行一个开业典礼。

我们邀请财政大臣穆希思作为我们开业典礼的首要嘉宾,但是,当我们告知财政部官员开业典礼将设在一个村子里的一家分行举行时,他们的答复是那个地点不合适,庆祝活动应该在达卡举行,那样,政要们就能参加了。我努力向他们解释,格莱珉不是开在城市地区的,在一个没有贷款者的地方举行典礼是讲不通的。

"如果那个庆典在达卡举行,那就会将我们的贷款者排除在外,而那些人拥有银行40%的股份。"我说,"不能只因为政府官员们不想到村子里去就把他们都运送到城里来!"

我们立场坚定。我们想要庆典在一个乡村背景中举行——在我们的地方,在我们的借贷者之中,在他们的家的近旁,在他们的村子里。我们是一家乡下人的银行,是为乡下人服务的,我们开业地点的象征性是不会为了任何人迷失的。

财政部负责格莱珉银行的官员警告我们说，如果我们坚持在村子里举行开业典礼的话，部长可能不出席。我告诉他，是不是能找到时间，那得由部长决定，但我们的庆典将会如计划进行。僵持不下之际，我给穆希思打了电话，把时间、地点与庆典日程安排告诉了他。他立即表明会出席，并给了我几个也应受到邀请的朋友的名字。现在，我心里很清楚了，根本就不是部长本人，而是一个部里的官员认为庆典应该在城里举行。我向穆希思提起这件事时，他说："他有毛病。格莱珉（'乡村的'）银行为什么要在城里举行开业典礼呢？我简直无法想象如此荒谬的事情。"

* * *

在为银行起草法律构架时，我同时也在努力构想一个格莱珉的专用标识。开会时我经常在笔记本上胡乱涂写，而现在所有的乱涂乱画都与专用标识有关。有三个主题占据了我的心思，它们都和乡村有关。一个涉及编织，特别是竹藤编织，我认为那是一个美丽的象征，因为编织能够将一些很散碎的东西汇编成一个有力的整体。我尝试过许多编织图案的设计，但没有一个真正达到我期望的效果。另一个主题是"五"这个数字，因为我们所有的小组都是由五个借贷者组成的。我用五根棍、五个人、五只手、五张脸，尝试过许多组合。第三个主题是一个乡村茅草屋。它设计简单而能充分地体现乡村的含义。

这段时间里，每当我去一个格莱珉的村子都要仔细地注意观察：未完成的竹编、脱粒、各类农活、住所、用具与装饰品等，看是否能挑出某些细节性的东西，用在我们新的专用标识中。正在曼谷出席一个研讨会时，我脑海里突然有了一个专用标识的轮廓。我不关注研讨会了，仔细琢磨那个茅草屋的主题，突然间产生了一种设计。我把它画了几个版本，立即就喜欢上了其中的一个。我知道，我找到了我的专用标识，我甚至把它的配色写了下来。

一回到达卡，我就让人把这个专用标识画出来，并上了颜色，拿给穆扎梅尔（Muzammel）、迪帕尔、努加罕和戴杨看。他们的反应很谨慎，问了许多问题。它象征什么？这些颜色是什么意思？我做出我的解释：这个专用标识的茅草屋代表乡村，但也可被读解为一支向上射的箭，箭的红颜色象征速度。茅草屋中央的绿色代表新的生活，那就是箭所瞄准的目标。

一开始，我的同事们并不十分热情。我争辩说，我们应该马上采用这个专用标识，把它放在所有的地方——我们的信纸抬头、信封、小册子和所有其他文具上，使它成为整个规划的有机组成部分，被这个新的银行继承下来。为了使这个专用标识与格莱珉更加密切而不可分割，我提议，在我们的开业典礼上使用它。我们可以用竹子和彩纸做出一个出色的专用标识来，把它作为一道大门，人们通过它走进格莱珉银行。

我们在坦盖尔的贾莫基村（Jamurki）的一大片空地上举行

了开业典礼。我们邀请了一些借贷小组和几个分行的所有工作人员来观礼，还有其他来自达卡的嘉宾，人们挤满了那片空地。穆希思大臣、贷款者代表还有我坐在讲台上，那天天气好极了，阳光灿烂。如典礼场合的惯例，我们背诵神圣的《古兰经》作为庆典的开始，然后是妇女贷款者们充满感情的发言。对于为此目标奋斗了这么久的所有人来说，这是一个成真的梦想。我望着身着各色纱丽的妇女，红、绿、橙、粉构成了一片纱丽的海洋。所有这些前来参加庆典的成百上千赤脚的借贷者，他们用自己的脚投了票，他们想要摆脱贫困的决心无可置疑。那真是美丽的景象，充溢着能量和力量。

*　*　*

格莱珉从一个在充满敌意的银行体系中运作的试验项目，转变为一家为穷人服务的独立银行，这一挑战使我和我的同事们，还有我们的借贷者都非常激动。我们继续遭遇着孟加拉银行家们的怀疑，但是从1983年10月2日起，我们就可以一个同等机构——而且其金融运作绩效超过传统的商业银行——的身份来坚持我们的立场了。最重要的是，独立使我们得以成长。我们惊人的速度急速增加着新的支行。我对我们的培训手段以及小额贷款方法的质量充满自信，我看不出此时有任何降低速度的必要。

在20世纪80年代的后五年中，我们不仅经历了数量上的增长，而且对整套方法做了许多改进。截至那时，我们招募的员工都是临时工，他们不由得经常忧虑这个试验是不是会终止，那样他们就会失业。格莱珉成为一家独立的银行之后，他们都自动成为这个新机构的正式员工，他们所有人都是大赢家。我们还普及推广了十六项决议，那些决议产生于借贷者们的一个全国性工作会议（见第八章）。我们的规划加入了住房贷款，在社会开发方面的努力得以扩展，并进行了灌溉贷款与其他季节性贷款的试验。虽然遇到一些挫折，如1987年、1988年的洪灾与坦盖尔地区的还贷危机（我们的第一次危机），这仍是一个成长、革新与充满信心的时期。但是我们意识到了，要使我们的成长可持续，我们需要解决向独立银行转型过程中遗留下来的一些治理方面的问题，其中最紧迫的就是要将格莱珉从一家国有银行转变为一家主要由其借贷者拥有的银行。我们指望着穆希思的引领来完成这件事。

不幸的是，还没有机会完成他要改变格莱珉股权结构的承诺，穆希思财政大臣就在1985年辞职了。所幸的是，穆希思的好友，财政部终身部长赛义德扎曼也对格莱珉十分热情。赛义德扎曼了解穆希思对我的许诺，当我提醒他这件没了之事时，他向我保证，他会支持穆希思的决定。

他说话算话，悄悄地变动了格莱珉的股权结构，将75%的股权授予贷款者，25%留给政府、国有的索纳里银行（Sonali Bank）和孟加拉农业银行。

但是，随着我们治理状态的变化又出现了另一些复杂因素。

1986年，董事会构成变更，大多数成员来自贷款者股东，于是我们的境况变得很奇怪，格莱珉成了一家由一名"政府官员"掌管的非国有银行。根据我们的法律构架，我是一名由政府指派的董事经理，因此，我必须遵守一名公务员须遵守的所有规章，包括我出国参加任何会议之前，都要得到总统的批准。一件尤其令人恼怒的事发生在1985年，我因出国申请被总统驳回而无法出席在内罗毕召开的联合国妇女大会，他的问题是："一个男人为什么要出席联合国的妇女大会呢？"

我的任命也是悬于游丝之上，官方委任书上说，我"担任董事经理，直至发出进一步的指令"。换言之，只要政府没有对我的工作感到不快，我就可以坐在这个位子上。很可能我哪天早晨醒来会在报纸上看到，已任命别人取代我在格莱珉的董事经理职位。政府无须解释将我解职的理由，也无须解释接下来我该怎么办。

这种组织上的安排没有稳定的保证，我一直在担忧，这届或下届政府会突然把我取而代之，从而使格莱珉陷入危机之中。于是我去咨询帮助我们建立起银行的律师卡马尔·侯赛因博士，草拟一份要求国会批准修改格莱珉银行法律构架的提案。提案须经由财政部递交到国会，但部里的官员们根本不想让这个条款得到修改，他们干吗要去变更那个赋予他们变更董事经理的无限权力的条款呢？我送去了我的修改提案，财政部果然对它不予一顾。我又将它呈送一个更高级机构，由部长们组成的名为全国经济理事会执行委员会。他们推荐采用我的建议,而财政部的终身部长仍不予理会,当我亲自向他提出这个问题时,他争辩说那个委员会不是政府,财政部无须听取其指令。这是我从迟钝的政府机器中得到的一个无法忘记的教训。

我继续不断地去敲各种各样的门。最后,我向阿萨德总统本人提出了这个问题。他命令他的财政部长在下一次内阁会议上提交审议我的提案,但是那位财政部长给总统的建议是不要修改那一条款。我没有放弃。我向总统的秘书长说明了情况,这位高级官僚恰巧是我在科罗拉多大学博尔德分校教书时我的数学班的一个学生。我请求他的帮助,他答应将尽全力。他组织了一个高级别的专题会议,邀请了副总统、中央银行行长、财政大臣、财政部长、计划大臣和我本人参加,由总统担任会议主席。

我竭尽全力为我的提案力争,除财政部长以外的所有与会者都表示了对我的支持。财政部长的反对理由是,他担心政府会失去对这家银行进行必要监管的能力。尽管他提出了警告,会议还是批准了修改提议。提案终于被送呈国会,就在阿萨德政府被一次人民起义赶下台及国会被解散之前,提案得到了批准。根据新的条款,一名董事经理必须由董事会而不是政府任命。经过一些法律程序之后,董事会任命我为格莱珉的董事经理,我不再是一名公务员,而是银行的一个雇员了。更重要的是,格莱珉银行现在可以自由地选择一位为其股东利益服务的总裁,而不必听从政府的盼咐了。

这一修正，是格莱珉银行的法律构架中一项关键性的转变。但为了更加确保格莱珉银行的未来，还有一个至关重要的问题需要解决，那就是董事会主席的任命，它目前是由政府指派的。如政府的一贯作风，这一任命的有效期是"至发出进一步的指令"，那就是说，这位主席随时可以被政府撤换。这种安排对银行的稳定性构成威胁。董事会主席的作用至关重要，尤其是对我们而言：十三人董事会中的九位贷款者代表们通常都是文盲。

* * *

在整个20世纪80年代，格莱珉银行积极进取的扩展规划使我们每年大约新增一百个分行。从乔布拉与坦盖尔进行的六年试验中学到的许多经验，使我们得以对整套方法加以完善，这些新的分行质量都非常高。到1985年，我们拥有了一支由年轻的专业人员组成的出色的骨干队伍，他们都拥有好几年乡村工作的经验，能够指导并管理数以百计乃至数以千计的新进员工。我们在吉大港和坦盖尔的一些最老的分行碰到了一些问题，我们在那里运行检测与纠错的程序时，贷款者受到许多政策变更的影响。但是，在1983年之后建立起来的分行的运作都非常好。

起初我们将全国总部设在达卡郊区的夏莫里（Shymoli），地处城市金融区的外围。我试图推迟至首都的搬迁——在那里，有权势的官僚们看起来难免会脱离乡村现实，但是到1983年，我们别无选择了。但我仍坚持所有人都要庄严承诺，保持我们源于乡村的草根本色。我们决定，只有在乡村支行工作过几年的人员才有资格在总部工作，在过去十五年里，这个规矩只被打破了屈指可数的几次。

伴随着自身的扩展，我们眼看着贷款者通过接踵往复的贷款周期而进步着。在大多数情况下，他们会随着业务与自信的增长而增加贷款的数额。一些最精干的贷款者用他们的利润造起新房子或修缮了现有的家。我下村走访时，每次看到一栋用格莱珉贷款资助的业务挣来的利润建起的新房子，我都会感到震撼，但我仍因更多的贷款者无力承担如此大的投资而深感遗憾。我开始考虑如何创立一个新的规划，向具有良好偿付记录的可靠的贷款者们提供建房与修房的长期贷款。我想象，这项新的贷款规划应该以奖励突出的贷款者作为启动。但是我并不清楚应该如何着手。之后，在1984年，我注意到孟加拉中央银行发布的一个广告：乡村地区住房贷款的新的再资助计划。格莱珉银行对此做出响应，向中央银行提出申请，请其帮助格莱珉为其贷款者推出住房贷款规划。我们解释说，由于我们的贷款者的朴素境况所限，他们无力偿还中央银行广告中所提到的大额贷款，我们的贷款者贷不起75000塔卡（大约2000美元），但是我们确实想贷给他们5000塔卡（125美元）的住房贷款。

中央银行驳回了我们的申请，央行的专家和顾问们断定，用125美元建立的无论什么东西都不会符合对一座房子的建筑学方面的定义。他们特别指出，这样的房子不会被计入"国家住房累计"中去。

我提出抗议。"谁又在意这个'国家住房累计'呢？"我说，"我们只是想要我们的成员有个不漏雨的屋顶和干燥的住处。"

我们试图使中央银行的顾问们理解，即使如此微不足道的居住条件，对于我们的贷款者的现状都将意味着多么重大的改善。但是我们的争辩徒劳无功，他们不为所动。

我们又想出了另一个主意。我们送去第二份申请，解释说，我们不再想做住房贷款了，而是想做"遮蔽之所贷款"。我们指望着他们没有一个对"遮蔽之所累计"的定义或数据，也就不会说我们不符合资格了。然而，尽管负责那个项目的顾问们没有对我们的"遮蔽之所贷款"提出反对，小组里的经济学家还是争辩说，我们的贷款者承担不起根本不产生收入的贷款。格莱珉能做得好的，是利用贷款产生收入，用他们的话说是"有生产力的活动"，但"遮蔽之所贷款"是消费项目，不能产生收入帮助偿还贷款，所以我们的贷款者无力承担。

于是我们又从头开始。这次我们说，我们想向贷款者提供"工厂贷款"。我解释说，我们的贷款者中绝大多数是妇女，"她们在家里工作时还得照看孩子，所以她们的家就是工作地点，我们宁愿称之为工厂。再者，季风雨每年要使她们遭灾五个月，在那段时间，由于没有结实的屋顶，她们无法工作。为了持续工作保证收入，需要保护她们不受风雨的侵袭，所以我们想向她们提供工厂贷款。的确，这个'工厂'也是家，但更重要的是，由于它能使她们得到长年工作的条件，因而对她们产生收入的能力具有直接的影响。"

那些顾问第二次驳回了我们的申请。我安排了一次与央行行长本人的会面,请他否决他的官僚们的决定。

"你肯定那些穷人会偿还贷款吗?"行长问道。

"是的,他们会还的,他们一定会。这些穷人不像有钱人,他们不敢冒不还贷款的风险。这是他们唯一的机会。"

行长看着我,说:"你在我们的官员那里碰到了一些困难,对不起。我会允许格莱珉推行一个试验性的住房贷款规划,祝你们好运。"

* * *

到今天,我们已经发放了总额1.9亿美元的贷款,用于建造了56万栋房子,每周的分期付款记录近乎完美。商业银行的惯例住房贷款项目是无法取得如此成功的。他们的贷款者很少有人偿还贷款,过上三年那个贷款项目也就中止了。我们的住房贷款项目持续至今,而且仍在扩展。

1989年,由世界上一些顶级建筑师组成的评审团选中了格莱珉的住房项目,授予它阿加·汗(Aga Khan)国际建筑奖,这也是对我们的承认与表扬。在开罗举行的颁奖仪式上,一些卓越的建筑师不断地问我,我们的原型设计——一座花费了300美元的小房子——的设计师是谁。我回答说,根本就没有专业建筑师为我们的贷款者做建房设计,那些贷款者是自己房子的建筑师——正如他们是自己命运的建筑师一样。

第八章

为穷人服务的银行
——成长与挑战，1984—1990

长久以来，孟加拉一直吸引着那些关于人口问题的研究者。他们告诉我们，我们贫困的原因是在太小的一块土地上有了太多的人。在与佛罗里达州差不多大小的地域，居住着大约1.2亿孟加拉人口。如果美国的一半人口决定都搬迁到佛罗里达去的话，他们就能体会到我们孟加拉现有的人口密度。这对于孟加拉意味着什么？我们是不是应该削减出生率呢？

我相信，在国际开发机构所倡导兜售的人口政策之中，存在着一种强烈的惧怕因素。我们在第三世界常常盲目地附和他们的观点，从而在自己的国家造成了更大的恐惧。自从孟加拉独立以来，我们的人口几乎翻了一倍，但是我们肯定没有加倍的贫困。与二十七年前相比，我们今天的日子的确好过了许多，尽管要养活加倍的人口，食品短缺却减轻了，我们在粮食方面远比以前更加自给自足。

我怀疑，各国政府与一些国际开发机构是成心要把人们吓得慌张盲动，借以转移人们对他们自身无能的关注。他们不该去限制人口的增长，而是应该将精力集中在提高人民总体的经济状况，尤其是处于底层的人们的经济状况。各国政府与人口机构在改变穷人生活质量方面的努力，远不如其用于实施恐吓策略方面的投入，如压制文盲的男人女人们及至剥夺其生育能力。

联合国在四十多个发展中国家中所进行的研究表明，出生率会随着妇女获得平等而下降。这种状况的原因有许多，因接受教育而推迟婚育，受教育水平较高的女性更可能使用避孕手段，更可能参加工作，等等。我相信，较之通过恐吓策略"鼓励"压制生育的现行体系，赋予贫苦妇女以挣钱的机会，并把她们组织起来，将更有助于减缓人口增长。"家庭"的计划应该留给家庭去决定。

在有关人口的讨论中，人们经常引用格莱珉银行的例子，因为在格莱珉成员中，采用计划生育措施的家庭是孟加拉全国采用率的两倍。1994年9月在开罗举行的人口大会上也提到，格莱珉家庭的出生率大大低于全国平均水平。一旦通过自雇增加了收入，格莱珉的贷款者们便会显示出少生育、教育子女以及积极参与民主活动的非凡决心。如果小额贷款能够帮助众多的家庭意识到计划生育的好处，对于人口增长如此忧虑的政府与诸多国际机构为什么不去更加积极地促进小额贷款呢？是因为小额贷款是赢利业务吗？在现行的人口规划项目中又是否存在既得利益呢？我相信，是对于削减人口增长的强调，转移了人们对于那个更为重大的问题的关注，即如何去实施一些能够使得人口自顾自足的政策。我们越迅速地重新安排好我们的优先顺序，对于这个星球上现在和将来的所有人来说就越好。

* * *

在我们为所有分行的中心干部举办的年度讨论会上，我开始看到一些社会问题在一个个的格莱珉家庭里得到解决。讨论会把中心的领导们会聚在一起，重温他们的问题与成绩，确认令人忧虑的领域，并寻求应对社会与经济方面挑战的解决方案。这些讨论会卓有成效，于是在1980年，我们在坦盖尔召开了一个由挑选出来的中心领导人参加的全国讨论会。会议结束时，与会者集体达成了四项决议。我们以为人们最多也就是把这些决议当作会议汇编，不会更为认真地对待它们，但是，我们很快就接到来自全孟加拉各个中心要求得到那四项决议复印件的申请。

在1982年举行的第二届全国大会上，我们以"十项决议"结束了会议。1984年我们在乔迪夫普尔（Joydevpur）召开的讨论会上，十项决议被增加到十六项，根本没有想到这些决议会对我们的成员产生那么深刻的影响。今天，在所有格莱珉的支行里，我们的成员都会充满自豪地背诵这十六条决议。它们是：

1. 在我们生活的所有方面，我们都将遵守并促进格莱珉的四项原则——纪律、团结、勇气与苦干。

2. 我们要使我们的家庭繁荣。

3. 我们不要住在破房子里。我们要修缮我们的房屋，并努力工作争取尽早建造新房子。

4. 我们要一年四季种菜。我们要多吃青菜，把剩余的卖掉。

5. 我们要在种植季节尽可能地多多种植秧苗。

6. 我们要做好家庭计划，保持小家庭。我们要尽量节省开支。我们要维护自己的健康。

7. 我们要教育我们的孩子，一定要教会他们挣钱谋生，要为他们付学费。

8. 我们要保持我们的孩子干净和环境清洁。

9. 我们要修造并使用厕所。

10. 我们要饮用从管井中打出的水，如果没有管井的水，我们要把水烧开，或是使用明矾把水纯净。

11. 在儿子的婚礼上，我们不会接受任何嫁妆；在女儿的婚礼上，我们也不会送嫁妆。我们要使中心远离嫁妆的诅咒。我们不会实行童婚。

12. 我们不会做任何不公正的事，我们一定会反对任何试图做不公正之事的人。

13. 我们会集体承担较大的投资，来争取更高的收入。

14. 我们随时准备互相帮助。如果任何人有困难，我们大家都会帮助他或她。

15. 如果我们得知在任何中心出现违犯纪律的情况，我们大家都会到那儿去帮助恢复纪律。

16. 我们要在我们所有的中心引入体育锻炼活动。我们要集体参加所有社会活动。

现在在我们的全国讨论会上，我恳请与会者们不要增加决议的数目了。我的理由是，我们应该集中精力，好好地实施现有的十六条决议，而不是再增加新的决议。然而，格莱珉的一些地区支行，可能会做出一些决议来解决本地区特有的问题。穷人一旦在经济上获得了自主权，他们就会成为最坚定的战士，为解决人口问题、消除文盲、过更健康更好的生活而斗争。这些决议正是对此的展示。当决策者们终于能认识到穷人是他们的伙伴，而非漠不相干者甚或是敌人时，我们就一定能够取得比现在快得多的进步。

* * *

孟加拉是一个自然灾害频仍的国家，这是我们事业中的一个不幸但无可避免的因素。但是，无论一个贷款者遭遇什么大灾难，无论是自然灾害还是个人的不幸，我们的一贯宗旨都是要坚持使她或他偿还贷款，哪怕一周只还半分钱。这个原则意在激发那个贷款者自力更生的意识，激励他或她的自尊和自信。如果一旦免除一名贷款者的偿还责任，则可能要花上好几年的艰难工作，才能恢复他或她对自己能力的信心。

如果村庄遭遇严重的水灾或饥荒，贷款者的庄稼和牲畜都被摧毁，我们就会马上发给他们新的贷款，使他们重新开始。我们从不划销旧的贷款，而是把它们转为长期贷款，以便贷款者可以更缓慢地以更小额的分期付款来偿还。在贷款者去世的极端情况下，我们尽快从中心紧急基金（为贷款者们设立的一种人身保险基金）中拨出资金给予死者的家属。随后我们就会要求那个小组或中心，从那个家庭中吸收一个新的成员，使这个小组的成员回复到五人。

孟加拉有太多的自然灾害，一个地区可能在同一年内遭受几次侵袭。曾有过一个村子、一个区或整个地区一年内遭受多达四次洪灾，那足以使一个家庭的所有储蓄财产丧失殆尽。我们在1981、1985、1987、1988年遭受了几次洪灾，特别是1988年那次，海外国际媒体报道了我们的困境。还有一些地区性的灾难，如1989年侵袭马尼格甘杰（Manikganj）地区的龙卷风。在此类情况下格莱珉总是按照相同的程序运作。首先，我们暂停执行银行的常例规章，当地的银行经理和所有员工被指令立即到灾区参加搜寻，尽可能地救出更多的生命，并提供栖身之所、药品、食物和保护。接着，银行工作人员会对我们的成员进行家访，告诉他们，银行和他们的伙伴成员都会支持他们，重新树立受害者们的信心。然后我们要搞清楚幸存者具体的需要并采取措施来提供所需物品，提供紧急救援食品、预防脱水与腹泻的水和含盐溶剂，还要发放用于购买紧急种子和耕牛的现金，以及新的资本金，还为人们提供灾难贷款。我们希望我们的成员有悼念亲人的时间，但不希望他们从绝望转而沉溺于漠然与呆滞之中。我们想要他们尽快开始思考生存下去的计划。由于国家与国际上的救助通常姗姗来迟并且不符合当地需要，受害者们只有通过自己重建家园来摆脱苦难而获得劫后余生。在灾难期间，旧有贷款的偿还期被修订并被给予偿付宽限期。当地中心在一个特别会议被赋权决定宽限的期限。我们还会研究实施一些能使该地区更为安全的长期项目，如建立一些抗龙卷风的避难所。我们在沿海地区的许多格莱珉分行现在的办公室都是用坚实的混凝土建造的。

格莱珉并没有保存所有抗击自然灾害的完整统计，但据我估计，我们的贷款有5%是发放给了自然灾害的幸存者。普拉米拉·格尼·戈什（Pramila Rani Ghosh）的故事就是我们的贷款者所经常面对的灾难情形的例证。1971年，在解放战争时期，普拉米拉的房子两次被巴基斯坦军队烧毁。1984年她加入了格莱珉。1986年，她患了肠炎，住进坦盖尔医院动了手术，并被告知几年内不能工作。她的组员们提议从他们的小组基金中给她一笔贷款来付手术费用，但钱还是不够，她卖掉了她的奶牛和食品杂货店。

她用一笔新的贷款买了奶牛，而这些奶牛死于一种莫名的疾病。她又去每周中心会议从小组基金中贷了一笔60美元的贷款，用这笔钱买了一头新的奶牛。在1988年的洪灾期间，查比萨（Chabbisha）村被淹没，普拉米拉的房子被冲塌了，她失去了所有的庄稼。流行疫情又在村里暴发肆虐了三周，银行的工作人员每天都来探访村民，发放纯净饮水的药片。普拉米拉和数以千计的格莱珉家庭一样，收到了40公斤的麦子。她后来将那些卖麦子的钱还到中心的灾难基金，还从我们这里买了成本价的蔬菜种子。三周以后情况渐趋正常时，她已经做好准备，将食品杂货店重新开张了。

1992年，打翻的油灯引起的一场火烧毁了普拉米拉的家。邻居和村民努力帮助她扑灭了那场火，但是在复燃的烈火中，普拉米拉失去了她所有的庄稼、粮食、整个食品杂货店，还有她的两头牛，剩下的仅有她和丈夫身上穿着的那几件衣服了。大火过后的第二天上午，格莱珉的工作人员走访了普拉米拉，并组织了一个特别会议，在会上，他们提出向她提供一笔出自中心灾难基金的贷款。但是她决定接受一笔季节性贷款和一笔小组基金的贷款，用一部分贷款开了一个小食品杂货铺，其余的用来购买了水田的肥料。在她已长大成人的三个儿子的帮助下，她又有能力开始偿还贷款了。三个月以后，格莱珉批给她一笔住房贷款，于是她为自己建造了一个新家。

普拉米拉现在正在使用她的第十二笔贷款。她拥有的以及租用的土地足够养活她的全家，并且一年大约卖10莫恩德稻谷。

*   *   *

格莱珉从最初就采取与传统的扶贫方式背道而驰的做法，

我们发放现金贷款，而从不考虑首先提供技能培训。这一方针给我们招来了许多批评，甚至包括来自一些朋友的批评。在乔布拉村我们根本看不到有任何进行正式培训的需要，20世纪80年代的经验，使我们更加确信我们的方法是正确的。

为什么要先发放贷款呢？

我坚定地相信，所有人都有一种与生俱来的能力，我称之为生存技能。穷人活着，这一事实就清楚地证明了他们的能力，不需要我们来教，他们已经知道如何去做这件事了。所以，我们不去浪费时间教新的技能，而是努力去最大限度地利用他们现有的技能。使穷人能得到贷款，就是使他们得以立即实践他们已经掌握的技能——编结、脱粒、养牛、拉人力车等。而他们挣到的钱继而转变为一种工具，成为一把开启一系列其他能力的钥匙，得以探究自己的潜力。贷款者经常彼此传授新的技艺，以更好地利用他们的生存技能。他们比我们能做到的要强得多。

许多政府决策要人、非政府组织和国际顾问在开展扶贫工作时，通常会首先推行一些非常详尽的培训规划。他们这样做是基于"穷人因缺乏技能而所以穷"的基本假设，并使他们自己的利益得以长久续存——为他们自己创造更多的工作机会，而不必承担任何必须产出具体成果的责任。有赖于多方援助的源流与善款预算，仅为此类培训，就在全世界兴起了一个庞大的行业。扶贫方面的专家们坚持说，穷人要想攀上经济的阶梯，培训绝对是必不可少的。但是如果你进入到真实的世界中去，就一定会看到，穷人之所以穷，并非因为没有经过培训或是没有文化，而是因为他们无法得到他们的劳动报酬。他们无力控制资本，而恰恰是控制资本的能力才会使人们摆脱贫穷。利润是坦然地倒向资本的，穷人处于毫无力量的境地，只能为生产资本控制者的利益劳作。他们为什么无法控制任何资本呢？因为他们没有继承任何资本或贷款，又因为他们被认为没有任何信贷价值而不能贷款。

我相信，许多培训规划带来的是副作用。如果格莱珉要求贷款者们必须先去参加一个企业管理培训课程才能得到做营生的贷款的话，他们中大多数人都会被吓跑。对于我们的贷款者来说，正规的学习是一件很吓人的事，那会使他们觉得自己渺小、愚蠢、毫无用处，甚至会毁掉他们天生的能力。这类培训还经常提供物质刺激来吸引人们参加培训——有时参加者会即刻得到以培训津贴为名义的好处，或是以参加培训作为得到现金或其他好处的先决条件，由此来吸引那些对培训本身可能根本不感兴趣的穷人。

这并不是说所有的培训都不好，但是不应该将培训强加于人。只有当人们积极寻求并愿意为其付出代价或费用的情况下，才适于提供培训。例如格莱珉的贷款者，就确实在寻求培训，他们可能想要学会看懂存折上的数字，或是想要搞清楚已经偿还和待偿的数额。常有格莱珉的贷款者想要读懂十六条决议、学会记账，或是随时掌握业务信息，他们或者可能想学习饲养家禽、养牛，或是学习种植、储藏、粮食加工的一些新方法。格莱珉也正在将新的技术带给他们：手提电话、太阳能、互联网。很快，贷款者们就需要学会计算打电话的费用，或是学着去阅读计算机屏幕上的词语了。

* * *

在尚未创办格莱珉银行时我就对在孟加拉的国际援助机构提出过批评，我批评得最严厉的也是现今最具影响力的一个机构，就是世界银行。这些年来世界银行与格莱珉有过那么多斗争与不合，以至于一些评论员称我们是"拳击对头"。世界银行里总还有些人懂得小额贷款是怎么回事，但由于风格迥异，多年里我们把更多的时间和精力花在干架上，而不是互相帮助。

在1986年世界食品日的电信会议上发生了一次公开的冲突。世界食品日美国委员会的全国协调员帕特丽夏·杨（Patricia Young），邀请我和时任世界银行总裁的巴伯·科纳布尔（Barber Conable）作为专题发言人，一起出席向三十个国家进行同步卫星转播的电信会议。

我并不了解电信会议是怎么回事，但我接受了邀请，把它看作一个可以阐释我的观点的机会。我认为，贷款的权利应被视为一种人权，贷款能够在全球摆脱饥饿方面起到一种极具战略性的作用。

我并没有打算去和世界银行总裁吵架，但科纳布尔说到世界银行向孟加拉的格莱珉提供了经济援助时,令我恼怒了。我认为我应该纠正这个错误的信息,于是很有礼貌地插话说,世界银行并没有做过这样的事。科纳布尔不予理会,又提到是世界银行的贷款帮助了格莱珉。这次我坚决地反驳了他。科纳布尔对我的抗议置之不顾,继续重复说世界银行向格莱珉银行提供了经济支持。我认为我应该对卫星电视的观众们澄清事实。我们这些格莱珉银行的人从来没有想要也没有接受过世界银行的资助,因为我们不喜欢那家银行的行为方式。他们的专家顾问经常会插手接管他们所资助的项目,在项目被纳入他们的运作方式轨道之前,他们是不肯罢手的。我们不想要任何人来干预我们的体制,或是来吩咐我们如何行事。实际上,就是在那一年,我们的确拒绝了世界银行的一笔2亿美元的低息贷款。我还告诉科纳布尔——他正在喋喋发表关于要雇用世界上最佳干才的议论——雇用聪明的经济学家并不一定能转化为有益穷人的方针和项目。

我发现,多边捐助者的扶贫方式非常令人不知所措。我可以举我在菲律宾的内格罗斯岛(Negros Island)的经历为例。1989年,为了应付岛上不断加剧的儿童营养不良,启动了一个名为"完善"(Dungganon)的格莱珉复制项目。几年以后,"完善"项目的创建者塞西尔·德尔·卡斯蒂略(Cecile del Castillo)博士为了扩展她的项目向联合国的一个机构申请款项。那个机构于是派了四个使团来对她的提议进行调查,在机票、食宿和专家费用等方面花了成千上万美元,然而,由于复杂的官僚原因,那个项目根本就没有得到一分钱。换言之,专家审查花费了将近五年时间并浪费了许多宝贵的资源,而岛上那些贫苦的居民未能得到任何一笔由这个机构所援助的小额贷款。我忍不住评论道,如果那个内格罗斯项目能得到等同于联合国使团的花费的款项的话,就够援助好几百个贫困家庭了。

咨询业的兴起严重地误导了国际捐助机构,形成了一种假设,即接受捐助的国家在确认、准备和项目实施的每一步都需要有人指引。捐助者和顾问们对所援助的国家颐指气使,那些顾问甚至常常会扼杀受援国家的能动性。这些受援国家的官员与学者会迅速认可捐助者文件中提到的那些数字,尽管他们很清楚那些数字并不正确。

*　　*　　*

当格莱珉在1986年向世界银行清楚地表明不会听任其干涉我们经营的立场之后,该银行决定试图在孟加拉建立起自己的小额贷款组织,采用我们的方法并结合其他一些小额贷款项目的方法。我认为那是完全不实际的打算。最终,孟加拉政府采纳了我们的建议,拒绝了世界银行的提议,但是世界银行并没有从这件事中汲取教训。反之,它将被拒建议书中的"孟加拉"涂掉,转手又把它提交给了斯里兰卡政府。

与世界银行之间的令人不快的交往经历,促使我尽可能地去了解其他发展机构。我越来越清楚地观察到,多边援助机构有大把可发放的钱,在各个国家发放的数额都由官员们来决定,官员们发放出去的钱越多,他们作为贷款官员得到的评级就越高。因此,捐助机构里年轻而有野心的官员们会选择一些价钱最大的项目。随着巨额款项的移动,他们的名字也在升迁的阶梯上向上移动。

在我这一行里,我经常目睹捐助机构的官员们在孟加拉不顾一切地将大笔大笔的钱发放出去,为了达到这一目的几乎会不惜任何代价,包括直接或间接地贿赂政府官员。例如,他们会去租住政府官员拥有的昂贵的新房子,或是打着官方研讨班和会议的幌子,邀请官员们参加海外诱惑之旅。顾问、供应商和潜在的承包人则常常为这个贿赂机制提供方便,说到底,他们是捐助者资助项目的最大受益者。

据孟加拉的一个研究机构估计,在过去二十六年内所接受的300多亿美元的国际援助中,75%并没有用在孟加拉,而是被花费在设备、用品和来自捐助国本身的顾问身上。大多数富有国家的外援预算主要用于安置本国人就业和销售本国的商品,扶贫只不过是一件捎带的事。用在孟加拉的那25%,通常是直接进了当地的供应商、承包人、顾问与专家这一小撮人的腰包。这些钱大部分都被这些精英用来购买外国制造的消费品,根本无助于我们国家的经济或劳工阶层。人们普遍认为,捐款的大部分最后都变成了那些帮助做出采购决策和签订合同的官员与政客的酬金。

所有受援国家的情况都大致相同，其援助的总额为一年500亿—550亿美元。援助的项目制造出大量的官僚机构，它们很快就变得腐败、低效、亏损累累。当今世界所鼓吹和倡导的是市场经济与自由企业的优越性，而援助款项仍源源扩充着政府的花费，往往与市场经济的利益相悖。

大部分外援资金都被用于建造公路、桥梁等，意在"以长远利益"帮助穷人。然而，得到此类援助绝大部分利益的，只有那些已经富有的富人。在穷人变得更穷的同时，外援却成了一种对权势者的慈善。如果援助欲对赤贫者的生活产生什么影响的话，那么就必须重新制订方案，才能使其更直接地送达穷人家中。

我相信，必须设计一整套具有新目标的全新扶贫方法。事实上，所有开发援助都应以直接消除贫困为目标。开发应被视作一个人权问题，而不仅只是一个增加GNP的问题。在国家经济好转时，穷人的状况不一定就能得到改善，因此，应该对开发重新定义，其定义应只是指底层50%人口人均收入的可测量的正向变化。

* * *

有一天，一个美国记者向我找茬，对我无数次地公开指责世界银行之类的"开发援助"组织而非常恼怒。像许多人一样，他认为世界银行是一个慈悲高尚、努力付出而不求报偿的机构。他举起麦克风，用一种挑战的声音说道："除了总是那么挑剔批评,你能不能给我讲讲,如果你是世界银行的总裁,又会采取什么实在的措施呢?"

"我从来没想过如果我是世界银行总裁的话,会做什么。"我很冷静地说,"但是我想我会做的第一件事,就是把总部搬到达卡。"

"那又究竟是为什么呢?"

"噢,如果像刘易斯·布莱斯顿(Lewis Preston,时任世界银行总裁)所说的'世界银行的首要目标是与世界贫困做斗争',那么在我看来,这家银行就该搬到一个最贫困的地方去。在达卡,世界银行将被人类的苦难与赤贫所围绕。设身处地于问题之中,银行的官员们或许能够更迅速更现实地解决问题。"

那个采访者点点头。他看上去不像开始时那样激动了。

"还有,如果总部搬到达卡的话,这家银行的五千名雇员中肯定有许多会拒绝来。达卡可没有活跃的社交生活,也肯定不是一个世行银行家愿意选择在那儿养育儿女的地方,我想,那会导致许多人主动要求退休或改变工作。那将有助于达到两个效果:首先,顺势排除那些并非致力于与贫困交战的人;其次,能够削减费用,因为达卡的薪酬会远远低于华盛顿特区的昂贵标准。"采访就此结束。

1987年我访问美国时,与美国媒体有过一次更富有建设性的会见。当时我正在一个国会委员会上发言,听证会结束时,被匆匆带到一个小房间里,在那儿,有人正忙着对着一个话筒讲话。我根本不知道一个电话会议是如何组织的,也没有人给我做过介绍,但是我已经在那儿了,面对着一个话筒和来自大报社的十四名编辑、作家,他们正在线上等着向我提问。

首先对话筒发言的是萨姆·戴利-哈里斯(Sam Daley-Harris)。他原是一名高中教师,后来成为社会活动家,发起成立了一个名为"以立法终结饥饿为己任"(Responsibility for Ending Starvation Using Legislation,简称RESULTS)的全国性志愿组织。他每个月都和所有志愿者一起开全国电话会议,我正在参加的是一个记者招待会。萨姆极为温和可亲,他先为几位作家和我都做了简单介绍,然后我开始接受提问。

第一个会议持续了一小时,短暂的休息之后另一个会议又开始了,有另外十四个来自各类美国报刊的十四名编辑、作家参加。那天我可看到了RESULTS的效率是多么高。会后发表的文章有助于确保相关立法的通过,尽管有里根政府的强烈反对,立法仍在1987年12月得到通过,据此,美国国际开发署(USAID)须捐助5000万美元以为穷人建立小额贷款项目。

萨姆和我马上就成了朋友。他为人平易和蔼,而在对贫困与饥饿之战中却坚如磐石。今天,RESULTS在六个国家——美国、英国、加拿大、德国、日本和澳大利亚——都有姐妹组织。这些组织将小额贷款作为反贫困的一个关键战略,并且通过其市民积极分子的草根组织进行工作,使其得到社区、媒体、获选代表和政府的关注。他们促使一些政府援助机构和一些私人机构对小额贷款项目给予更多的资助，还游说财政部门对世界银行施压，使其更多关注贫困问题——不止一次这样做，而是自20世纪80年代中期以后每年都这样做。他们还发动运动以促使一些旨在减轻本国贫困的规划与方针得到通过。事实上，在美国的RESULTS还创立了一个名为"本土RESULTS（RESULTS Demestic）"的二级组织，它是美国小额贷款创始运动的主要鼓吹者。在过去十年间，RESULTS与格莱珉的联系不断加强。RESULTS的每一个志愿者，或早或晚都变成了格莱珉专家。

1987年的那个电话会议，成为小额贷款运动历史上的又一个里程碑：它吸引了哥伦比亚广播电台（CBS）的"六十分钟"栏目的注意。1989年，分别来自伦敦与罗马的两位CBS电视新闻栏目的工作人员来到达卡访问。我和CBS记者莫利·塞弗（Morley Safer）一起待了很长时间，一起走访格莱珉的村庄，采访贷款者、开发专家、政府官员。那些工作人员一共拍了一百小时的胶片素材，再把它浓缩为十二分钟。1990年3月播放的时候，这个短片立即引起轰动。直到那时，我才充分意识到了媒体的威力。至今，每当重播那个节目时，我们仍会接到来自世界各地的信和电话。在那短短十二分钟里，CBS以最激动人心的方式展示出了格莱珉的精粹。与其前后的任何报道相比，那个片子都更能激发人们行动起来。

*　　*　　*

在20世纪80年代，无论当我对世界银行的经济学家们还是对记者谈起小额贷款时,大多数人都以为我是想通过借钱给小企业帮助它们扩张,使它们能**雇用**穷人从而以此来减轻贫困。人们花了好一阵才认识到,我所鼓吹的实际是直接把钱借给穷人。政策制定者们总是有将增加就业等同于减少贫困的倾向,而经济学家们则倾向于只承认一种就业——有薪水的就业。而且经济学家大都将前殖民大国的财富起源作为其研究与理论的基础,而不是基于第三世界国家的穷人们卑微的现实。对贫困的各式关注,都归属于所谓的发展经济学,那是在第二次世界大战之后才出现的领域,基本上都是对经济理论主体的后续添加或重新诠释。

最糟糕的是,经济学家们未能理解贷款所具有的社会能量。在经济理论中,贷款只被看作一种用来润滑贸易、商业和工业之轮的工具。而在现实中,贷款创造能够迅速转化为社会能量的经济能量。当贷款机构与银行制定出一些惠顾特定人群的政策之后,那个阶层的经济与社会状况都会得到改善。然而,无论在富国还是在贫国,贷款机构都只惠顾有钱人,这样做无异于宣判了穷人的死刑。

当银行将被认为没有信贷价值的穷人拒之门外时,经济学家们为什么会保持沉默呢?没有人能给出一个令人信服的答案。正是因为这种缄默与漠然,银行得以在施行金融隔离政策的同时逃脱处罚。但凡经济学家们能认识到贷款所具有的强大社会经济能量,他们或许也能认识到,贷款确应作为一种人权加以促进。

那些核心经济理论的缺陷仍未受到挑战。例如，在经济学分析框架中起到核心作用的微观经济理论就是不完整的，它将作为个体的人或者看作消费者，或者看作劳动者，基本上无视其自雇的个人潜力。这种企业主与劳工之间的理论上的二分法，无视个体的创造力与灵活性，并将第三世界中广泛存在的自雇行为一概看作不够发达的征象。

在大多数第三世界国家的绝大多数人都是通过自雇谋生的，经济学家们不知道如何在其分析框架中安置这些人，于是便把他们一股脑儿堆放在一个名为"非正式阶层"的包罗万象的范畴之中。但是，这个"非正式阶层"确实代表着人们自创职业营生的努力。我宁愿称之为"民众经济"（people's economy），我和格莱珉的一位朋友卡尔·奥斯诺（Karl Osner）常常使用这个词，他在为欧洲人传播小额贷款方面起了重要的作用。任何真正理解社会的经济学家都会来增强这个民众经济的有效性，而不是去破坏它。在没有来自经济学家的支持时，格莱珉这样的组织必须挺立中流。

第九章

应用于其他贫穷国家

在孟加拉的成功使我萌生期望,我们的整套小额贷款方法应可以应用在全球几乎任何地方。在20世纪80年代末和90年代初,我们以事实证明了格莱珉的理念可以在全世界改进穷人的生活,在马来西亚和菲律宾进行的试验即是最先的例证。

我是1985年在达卡附近的一次会议上认识戴维·吉本斯(David Gibbons)教授的。他是个加拿大人,已经在马来西亚生活任教二十多年。戴维一直倡导在马来西亚乡村推广贷款,但是从决策者那里得到的反响——或是漠无反响——令他沮丧。他问我,他是否可以和一个同事一起到格莱珉的一个支行待上一个月,我同意了。

戴维与苏科·卡西姆(Sukor Kasim)一起来到了孟加拉,苏科是戴维的年轻同事,后来成为在马来西亚与全世界最全心全意的小额贷款倡导者。这两个人在伦格布尔待了几周时间,跟随孟加拉最贫穷地区之一的地区经理戴杨工作。他们住在村子里，到各支行巡回走访。回到达卡后戴维与苏科宣布，他们打算在马来西亚建立一个格莱珉试验项目。我完全支持他们的计划。

当戴维于1987年创始名为Ikhtiar的格莱珉项目时，他迎头遭遇了两个挑战：从零开始白手建立起格莱珉试验项目，还要找到一个适当的法律框架。既不能失去经济支持，又要使项目不受政府的控制，那可真是一个高难度平衡动作。戴维很幸运，他有一个忠实的追随者苏科，还有亚太发展中心（APDC）的麦克·格图比格（Mike Getubig），麦克为马来西亚规划提供了初期的种子基金，后来又资助了菲律宾的两个最早模仿格莱珉的项目。

当问题积累多了，戴维就回到格莱珉接受进修培训。有一次我们派了由资深工作人员努加罕与谢赫·阿拉姆（Shah Alam）组成的小组去帮助他，戴维与苏科慢慢地开始理解了我们整套方法的逻辑，并相应地修订他们的政策，使之与我们的更加相似。到两年试验阶段结束时，他们宣布了一些雄心勃勃的计划，要向更欠开发的马来西亚北部地区扩展。今天，戴维与苏科都是格莱珉的自由大使，他们日以继夜地工作，在十多个亚洲国家创办了格莱珉试验项目，还领导创立起一个名为CASHPOR的复制格莱珉试验规划的联盟组织。由于他们的努力，马来西亚的Amanah Ikhtiar已经触及四万两千个贫困家庭，大约占了马来西亚贫困线以下人口的一半。马来西亚的贷款偿还率甚至还高于孟加拉。戴维出版了一本《格莱珉读者》，编辑收录了我和他的一些文章。这本价值极高的指南帮助许多人在其他国家应用了我们的规划。

* * *

早在Ikhtiar项目的试验阶段，在一些国家就涌现出了一系列模仿格莱珉的项目，其中，菲律宾的三个项目看上去最有希望。赫内罗索·奥克塔维奥（Generoso Octavio）博士是位于洛斯巴诺斯（Los Banos）的菲律宾大学的一位经济学教授，他于1989年访问了孟加拉，之后很快就在他的大学周围的几个村子里开始进行试验项目。我加入国际稻米研究院的董事会以后，由于研究院总部离洛斯巴诺斯的校园只有2英里远，我可以经常去探访赫内和他的贷款者们。赫内天生具有和穷人相处的能力，他使那个项目出色地开展起来。他的许多贷款者做起了大有利润的养猪业，由于伊斯兰限制猪肉消费，养猪业在孟加拉是不存在的。

我最初以为在菲律宾运作一个格莱珉式的贷款项目会比在孟加拉容易一些，因为孟加拉有更为极端的积年已久的贫困、妇女的低下地位与频繁的自然灾害等。但是当赫内在我的鼓励下着手扩展时就遭遇了困难。他在初期直接面对贷款者的工作方面很有诀窍，但是在管理工作人员和董事会方面就要困难得多。当他的试验研究项目转变为一个名为"摆脱贫困"［Ahon Sa Hirop（Rise Above Poverty），简称为ASHI］的独立小额贷款组织时，在试图建立一个可靠的管理架构的过程中遇到很多困难。在ASHI坚持了几年内战之后，他离开了，去马来西亚教书，而后成为东南亚几个项目组织的小额贷款顾问。

我本来很为ASHI的未来担忧，但是随后发生了两件很幸运的事。首先，苏科·卡西姆作为顾问去整顿ASHI麻烦最多的那家分行，在令人吃惊的短短时间内情况就开始好转。其次，一个名为米拉·莫卡多（Mila Mercado）的ASHI董事会成员自愿担当全职的董事经理。米拉是个严肃认真的女性，具有很强的民间组织的工作背景和出色的管理能力，以及善于对贫苦妇女开展工作的天赋。今天，由于苏科、米拉和ASHI工作人员的努力，ASHI已成为菲律宾最成功的格莱珉复制项目之一。

* * *

ASHI成立不久，我见到了菲律宾南部产糖区的西内格罗斯省（Negros Occidental）的省长丹尼尔·拉克松（Daniel Lacson）。当时我们两个人都正在华盛顿特区出席世界银行的一个研讨会，所有人都在谈论银行推行的"结构性调整政策"给贫穷国家带来的害处。轮到我发言时，我说，由于世界银行政策而失业的人是"新穷人"，而我更关心的是"老穷人"，是那些从来就没有过工作的人。我争辩道，我并不是容忍世界银行的做法，但是，大多数"新穷人"毕竟都有可以依赖的支持因而能够生存下去，我敦促与会者将其注意力转向"老穷人"。接着，我以格莱珉式的小额贷款项目作为例证，来说明我们如何能够帮助这些在生死关头挣扎的贫困者。

我的发言激动了拉克松省长，他派了一个名为"内罗格斯妇女明日基金会"的非营利组织的负责人，塞西尔·德尔·卡斯蒂略博士到孟加拉来访问格莱珉。如戴维·吉本斯那样，塞西尔也尽可能详尽地了解了有关格莱珉的一切，1989年8月，她在西内罗格斯省创立了一个名为"完善"（Dungganon）的项目。以她在社会福利工作方面的背景以及与一些国际国内捐助组织的密切联系，塞西尔很快就建立起了一个出色的项目，为几千个极为贫穷的贷款者服务。到20世纪90年代初期，"完善"项目已经成为塞西尔基金会的最大项目。

*　　*　　*

在菲律宾出现的第三个组织是农业与农村开发中心无地者基金组织（CARD），是由阿里斯·阿利普（Aris Alip）与来自"菲律宾争取社会进步企业组织"的一些充满活力的人建立起来的。到孟加拉访问格莱珉之后，阿里斯决定，要将我们的整套方法运用于菲律宾的乡间开发。他的一名工作人员，多罗里斯·托利斯（Dolores Torres，以"多里"知名），成为其组织中的真正驱动力。在很短的时间内，阿里斯和多里超越了ASHI和"完善"项目，成为菲律宾的三十多个复制项目组织网络中的佼佼者。1997年——此时无地者基金组织已经拥有超过九千个贷款者，以及出色的偿还率和七个分行——他们开始着手建立CARD银行，一个独立的金融机构。（到2003年1月时，CARD

的贷款人已达到六万九千人。)我担心他们承担的风险太大,敦促他们切不可将构架建立在传统金融机构的基础上,而是要从头设计创立一种独特的、能够适应小额贷款项目需要的法律框架。

尽管CARD获得了非凡的成功,但也确实遇到一些困难。在20世纪90年代初期,我请求德国政府资助CARD的扩张,一名德国政府官员回答说,他的机构认为CARD是一个失败项目。我大为不解,问他的信息来源于何处。他说他们已经做了一项详尽的研究,所有读过那份报告的人一致认为,CARD不值得资助。我要求他给我一份那个报告的复印件,他答应寄给我。

当我向多里问起关于德国人的评价时,她说根本就没有过那样一项研究。几周以后,她又给我打电话通报说,是有过一个德国男人来CARD与工作人员做过访谈,但他没有说明自己是来为德国政府做评估的,他对采访贷款者也毫无兴趣。这肯定就是我们那位神秘的评估人了。我马上给我在德国政府中认识的几个人打了电话,但被告知那份报告是保密的,我不能看。我很恼火,去找马哈巴布·侯赛因(Mahabub Hossain)博士,他是声誉完美的独立研究人员,我请他对CARD做一个全面评估并公开发表。马哈巴布同意免费做这份评估报告。经过月复一月漫长的努力研究之后,他终于在1997年6月菲律宾的一个全国研讨会上发表了他的评估调查。要点如下:

- CARD的贷款者们非常贫苦，他们中70%根本没有土地，所拥有的房子价值低于550美元。
- CARD的贷款者们将贷款用于开展业务，贷款的70%是投资于产生收入的活动。
- CARD的贷款产生了巨大效益，贷款者投资的平均回报率为117%（借过五笔或更多笔贷款的贷款者的投资回报率为144%）。
- CARD制造了就业机会，由CARD贷款资助的经济活动每年为贷款者产生人均163个工作日，并为其他家庭成员产生84个工作日。
- CARD制造的就业机会是有效的，由CARD贷款资助的生产经营活动的劳动生产率比社会平均工资的劳动生产率要高出36%。

我也没有想到报告会是如此地积极肯定。显然，CARD正在为成千上万穷人的生活带来重大的改变——甚至比我们格莱珉所能够做到的还要快。但是尽管有马哈巴布的评估与CARD的成功，也没能终止关于格莱珉在孟加拉以外的——甚至包括在菲律宾——可应用性的争论。在1998年联合国新发布的一份报告中，又重复了许多旧的论据，来说明为什么小额贷款项目只能在一些特定之处奏效。这份报告的观点是："许多人，特别是最穷的那些穷人，通常没有能力进行经济活动，其部分原因是他们缺乏从业技能，甚至缺乏从业的积极性；再者，小额贷款的扩展及其扩展的潜力是否就能大幅度减轻全球贫困，尚未可知。"*

　　被马来西亚和菲律宾取得的成功所鼓舞，新的项目在印度、尼泊尔、越南和其他地方不断涌现，甚至连中国都在20世纪90年代中期启动了三个项目。继之是拉丁美洲和非洲，最先是由约翰·德·威（John De Wit）在南非建立了一个名为小企业基金会（SEF）的项目。约翰的项目非常成功，惠及成千上万贫苦的乡村贷款者。其中一名贷款者凯特·马卡库（Kate Makaku），现在靠一个出售鳄梨、芒果、香蕉、奶酪小吃和软饮料的小铺子挣钱谋生，在此之前，凯特一直走家串户兜售货品，但是她的本钱太小了，严重地限制她的赢利能力。凯特的故事例证了在孟加拉以外的第三世界国家中小额贷款的艰苦试验与成功。

　　凯特婚后不久就开始做生意了，那时她意识到，靠丈夫从矿上寄回来的钱是不够维持生活的。她不甘挨饿，而是用那钱去买了玉米粉片（南非的一种主食）、鳄梨和糖，再去卖给左邻右舍，这个小生意使她得以勉强度日，但是当丈夫因工伤失去矿上的工作之后，凯特的处境就变得非常窘迫了。

　　大约就在这时，她加入了小企业基金会的一个小组。她用最初贷来的60美元付了首付款买了一台旧冰箱，于是她能开起

---

* 联合国第53届大会：《小额贷款在消除贫困方面的作用》（1998年8月10日）。

一家小店铺来了。小组中的其他妇女也都做起了小营生,西尔维亚·莫奇(Sylvia Moagi)在家养鸡、卖牛奶,格蕾丝·莫特卢西(Grace Motlousi)卖水果,马萨库·莫纳蒂亚(Masaku Maenetja)卖煤油,还开了一个家庭缝纫社,丽贝卡·塞比亚(Rebecca Sebiya)酿啤酒。

尽管她每天要从凌晨3点就开始劳作,但凯特为生活终于走上了正轨而很快乐。顾客们很喜欢她最畅销的"肥肥饼",她的业务欣欣向荣。凯特最近的一笔贷款是300美元,偿还贷款完全不成问题,她攒的钱甚至够借给她丈夫从头做起木匠生意。尽管工作使她忙得几乎没有空余时间,但凯特还是注册上了一个成人扫盲班,平生第一次,她能签自己的名字了。

每次碰到像凯特这样的贷款者,总令我在旅行时难以决定到底要去访问哪些格莱珉应用项目——是去看那些曾访问过的项目是如何成长的?还是去访问那些未曾去过的项目,以了解各个组织是如何将我们的方针运用于各自的文化环境之中?如今,我们派出了许多中层和初级的格莱珉工作人员,帮助人们创立新的项目,改造或扩展已有的项目。

* * *

在与第一批格莱珉方法复制者的讨论中我们发现,许多组织在寻求财务资助方面遇到很大困难。他们为了到孟加拉接受培训、建立项目,以及试验阶段之后的扩展,都需要资金。我敦促这些应用者在其祖国寻求资助——离他们的项目地点越近越好,那样,所有交易账务都可以用本国货币进行,并能向资助机构直接显示他们的工作效果。但是,尽管有我的鼓励与偶尔的干预——我有时与一些机构联系,建议它们资助某些特定的国家——一些最好的项目却仍然是财库空虚。

一次,我在芝加哥的一个讲座上又在为此抱怨——有数以十亿、百亿计的美元用于第三世界的开发,然而数以十计、百计的那些优秀的小额贷款项目却一点钱也得不到。在提问阶段,我详细阐述了由于缺乏钱款捐助,要启动复制应用的项目是何等困难。我建议创立一个格莱珉信托分行,专门用于对复制应用项目提供支持。如果捐助者们对于资金的使用感到满意,他们可以给我们更多的钱,如果他们对我们的表现不满意,他们可以撤走他们的支持。

问答进行中,有人递给我一个听众递来的纸条。上面写着:"我可以在课后占用您两分钟吗?"我把那个纸条递给了坐在我旁边的康妮·伊文斯(Connie Evans),她是妇女自雇规划的董事经理。讲座结束后,康妮立即把我引到一个小房间里,还有一个妇女也被请进来。

"您认为您需要多少钱来资助那些复制应用项目呢?"那个妇女问道。

"开始时能有20万美元就很不错了。"我回答说。

"要寻找资助对象的复制项目会有困难吗?"

"噢,没有。有许多需要钱的项目呢。"我回答说,"一旦我们开始资助,就会有许多别的项目出现。"

"您会在本城停留多久?"

"还待两天,然后我去华盛顿。"

"我想争取在您动身前给您一张20万美元的支票。我可以邀请您今晚到我家去吗?那样您就可以见到我的几个同事,我们就可以继续着手进行捐款的程序了。"

我看着康妮,问道:"我可以去吗?"

康妮激动得满面容光。"我怎么会阻止你到阿黛尔·西蒙斯(Adele Simmons)家去呢,特别是,当她想给你捐款的时候?"

我们和麦克阿瑟基金会的主席阿黛尔·西蒙斯与她的三个同事一起度过了那个晚上,那几个人一致同意阿黛尔要给我们一笔捐款的决定。由于我在随后两天的日程安排很满,没有时间写捐款提案,阿黛尔指派了一个工作人员和我一起跳进出租车,在我吃午餐和晚餐时坐在我身旁,就在那些间隙里和我一起起草提案。两天之内,那个工作人员就写出了一份使麦克阿瑟基金会满意的提案。

阿黛尔·西蒙斯支持格莱珉信托分行的决定,使我们跃然起动了雄心勃勃的新的复制应用项目,并激励带动了其他更多的捐助者,其中包括洛克菲勒基金会、世界银行、美国政府、联合国资本发展基金,还有德国政府。由我的好朋友,也是我原先在吉大港大学的同事,H. I. 拉蒂菲(H. I. Latifee)所掌管的格莱珉信托自1994年起一共收到了1900万美元,每一分钱都切实地用到了二十七个国家里的六十五个格莱珉复制项目上。到2002年末，这些组织已向大约一百一十四万个穷人发放了4.44亿美元的贷款。

  格莱珉邀请那些有望成为应用复制者的人选参加我们的国际对话项目——由格莱珉银行与格莱珉信托每年四次在孟加拉召开的历时两周的会议。每次会议有来自世界各地的二十名左右参加者，在我们总部熟悉适应几个小时以后，我们就把这些客人两人一组分送到全国边远的支行去。他们在那里的五天内要尽量地了解那家支行，包括工作人员、贷款者、社会经济环境等各方面的情况。他们还要花上几天时间深入地采访一名格莱珉的贷款者，这将使他们能够感受到格莱珉对于活生生的具体个人的直接影响，也有助于打破与会者们对于孟加拉的穷人、其祖国的穷人，或是对于穷人整体上的不了解与偏见。

  当对话参加者们从实地返回后，我们鼓励他们对格莱珉方法的优点与局限展开辩论。两周时间接近结尾时，我们向他们讲解，如何运用格莱珉信托作为种子资金来启动他们自己的项目。如果他们同意的话，我们就会向他们国家的其他应用者做一些咨询，这些花费都很低廉，但是能使我们得以排除那些并非认真要遵循格莱珉精神来实施项目的人选。我们看到对于新的资助的巨大需求，我们希望，至2005年，能通过由格莱珉信托资助的复制项目达至一千万个借贷者。为达到这个目标大约需要22亿美元。这可能听上去是一笔巨款，但是，它还不及几年前我的一个美国朋友为他的法学院募集到的捐款的两倍呢。

* * *

在大概八年前的一个学术讨论会上,一位孟加拉同胞向我提出质疑,他说:"格莱珉曾经得到过2%利息的贷款,在这个国家,任何能得到如此利率贷款的项目都能把小额贷款规划做成。"我认为他是在指责我们,意思是说我们取得的成绩根本算不上什么。但我自己接受了挑战,我要建立起一个机构,向国内的任何小额贷款项目提供2%利率的贷款。我说服政府建立了一个名为Polli Karma-Sahayak基金会(PKSF)的非政府机构,至今,它已经为全国的一百五十六个小额贷款项目提供了贷款,我被任命为董事会成员。在PKSF建立起来令人安心的成绩记录与整套体系方法之后,我同意了支持该基金组织接受世界银行资助的提议。1998年,世界银行批准贷给PKSF 1.05亿美元的贷款,那是世界银行有史以来对小额贷款项目的最大一笔投资。我确信,在每一个国家都应该建立几个像PKSF这样的小额贷款"批发商",这样他们可以彼此竞争,"零售"机构以及穷人们都将从那一竞争中直接获益。

1993年,我发起了一份为格莱珉信托筹资1亿美元的倡议,用于支持在发展中国家以"零售"水平运作的一些致力于减轻贫困的小额贷款项目。尽管有RESULTS的志愿者们在七个国家的游说运动,但是我的倡议得到的反响不是很令人鼓舞。随后,在1993年一天晚上我接到了世界银行的一个电话,是副总裁伊斯梅尔·塞拉吉尔丁(Ismail Serageldin)打来的。伊斯梅尔和我都曾是日内瓦的阿加·汗基金会决策委员会的委员,我知道,他真心地欣赏格莱珉。尽管在世界银行身居高位,他并没有失去对穷人的同情。

"我们能帮什么忙?有什么能为你们做的吗?"他问道。

"噢,我不知道。世界银行只通过政府进行工作,你们不能直接和我们一起工作呀。"我说。

"不,我们很想和你们一起工作,但你们总是拒绝我们的钱。"

"我们不需要你们的钱,我们自己可以设法解决。"

"你为格莱珉信托筹资1亿美元的倡议书得到什么反响了吗?"

"十分尴尬。只有美国国际开发署出200万美元,没有别人响应。"

"你的那份倡议书也发给世界银行了吗?"

"没有。我们认为你们不会感兴趣。"

"你明天传真一份给我好吗?我想看看我们能为你做些什么。"

第二天,我将倡议书传真给了伊斯梅尔。大约一周以后,他兴高采烈地给我打回了电话:"我们已经核查了你的倡议,我们有好消息告诉你,我们想给你补上那9800万美元的缺口。"

"这真令我高兴。我原以为我们根本找不到这笔钱了呢。但是,你们怎么能绕过孟加拉政府呢?"

"别担心,关于此事我们也讨论过了,我们会找到一种途径的。"

"让我来澄清一下此事,伊斯梅尔——你谈的是一笔贷款还是一笔干脆的捐款?"

"一笔9800万美元的贷款。"伊斯梅尔回答说。

"但是伊斯梅尔,这个信托基金是根本无法偿还贷款的。"

"这是一笔期限很长的软性贷款,它几乎就像是一笔捐款。"伊斯梅尔解释说。

"但是我了解这件事会如何运作。你们的官员很快就会要求政府为这笔贷款提供担保。当我们的政府知道我们会将这笔钱用于其他国家的一些项目,为什么还要为格莱珉信托提供贷款担保呢?即使贷款偿还率是百分之百,格莱珉信托业也根本偿付不了原始贷款数额,我们要求那些项目以其本国货币还贷,而世界银行将会要求以美元结算。信托基金所收回的偿贷会时常因货币浮动而远远少于实际贷出时的相应美元数额。我看不出我们如何能接受贷款,哪怕是软性贷款。"

"我明白你的意思。"伊斯梅尔说,"如果我们一次性全额付给你们呢?那样你们就可以用投资所得来补偿汇率浮动造成的损失了。"

"我不是一个国际市场基金的管理专家,我需要一位专家。"我说,"你们何不再仔细研究一下,帮我们起草一份既能保护信托基金也能保护世界银行利益的业务计划呢?"

伊斯梅尔承诺会去做那件事,但无论是他的专家,还是我咨询过的人,都没能提出让人满意的方案。就目前来说,世界银行向我们提供过一笔不需要政府担保的200万美元的捐款,这笔捐款并非出自世界银行的贷款基金,而是出自总裁支配基金。为了筹集小额贷款项目所需的更多资金,伊斯梅尔用世界银行的一笔3000万美元的捐款创立了CGAP(救助最穷人咨询小组)。

尽管CGAP的头三年远非完美,但它做了许多好事。伊斯梅尔仿效CGIAR(国际农业研究顾问小组)的指导方针而设计了CGAP的结构。他提议建立一个类似于CGIAR技术顾问小组的政策顾问小组,并提名任命我为主席。在那个位置上,我有机会与从实施者到捐款者的各色人等一起协作,为小额贷款搭建起全球化的舞台。那真是令人激动。尽管有几个得到了CGAP资助的项目看起来并不是足够关注最穷人群的,但是,那三个首要的格莱珉复制项目——CARD、SHARE(以格莱珉信托的资助在印度创始的一个项目)和"完善"项目——确实都得到了捐款。很快,在1998年7月又建立了其后的CGAP II。我相信,如果CGAP II 能聚焦在最穷人群,并采取将大部分资金提供给像PKSF那样全国性的基金"批发"机构的政策,而不是直接去资助"零售商"们的话,它是能够产生巨大影响力的。我还认为,CGAP基金的较大比重应该直接送达贫苦妇女手中，而不是花费到一些咨询机构、国际会议以及研究中去。

* * *

1995年3月，民间倡导组织RESULTS的一组志愿者到孟加拉来访问我们，这是该组织派来的第三个代表团了。RESULTS的成员自己支付生活费，并始终如一地投身于与贫困的交战。他们中只有极少人是发展行业的专业人员，所以他们还未因高薪与奢侈待遇的浸染而变得对穷人麻木不仁。

在为RESULTS志愿者举行的一次讨论会期间，我提出为格莱珉信托筹资1亿美元的倡议。这些志愿者有许多曾为了争取格莱珉信托的捐款而游说过他们的政府，但大多数都被拒绝了。我感觉到笼罩房间的失望情绪。我提议，调整我们的关注点，试想，如果我们找到一百万个人，每个人捐出100美元给格莱珉信托去资助格莱珉的复制项目，又会如何呢？我们可以称之为人民的小额贷款基金（the People's Fund for micro-credit）。

来自南达科他州的教育家和慈善家戴夫·艾利斯（Dave Ellis）激动地举手提问："你打算何时启动这个规划？"他问我。

我看看表说，"五分钟以前。"

戴夫从他的钱包掏出一张100美元钞票说："好吧，我是头一个。现在，还差九千九百九十九万九千九百块了。"突然之间，所有与会者都开始举起了百元钞票，没带钱的就向别人借。短短几分钟，我面前就有了两千多美元，太令人振奋了！我在我们的时事通讯——季刊《格莱珉对话》——上宣布了人民基金的成立，更多的支票从世界各地滚滚而来。

人民基金的成功使戴夫激动万分，他雇用了一个公关公司一起设计了运动专用标识、网址、宣传手册，以及商业计划。在随后几次访美期间，我会见了戴夫和杰夫·斯威姆（Jeff Swaim，阿穆赫斯特与里夫斯公关公司的创意总监），与他们一起讨论推广倡导计划。通过小额贷款，将富裕国家中的一百万人与发展中国家的成百上千万穷人联系在一起，这个设想令我极为兴奋——不仅是因其对贷款者的影响，也是因为对捐款者们所能产生的影响，它将在成千上万的人群中建立起联系，并将使成百上千万人间接认识到小额贷款所具有的巨大潜力。

可以理解，戴夫并不希望他的限于拉皮德市（Rapid City）范围的小基金会经手那么多的百元支票。于是，取得了里德·奥本海默（Reed Oppenheimer）的同意，由他建立了一个名为美国格莱珉基金会（GF-USA）的非营利组织，总部设在美国。里德·奥本海默是一位慈善家，也是RESULTS的积极分子，承担了为建立GF-USA的所有法律方面的费用，并将其总部设在自己在俄克拉荷马的庄园里。当运动从戴夫的基金会演进到GF-USA时，我们意识到了一个机会：在其管理人民基金的职责之外，赋予GF-USA更广的使命。于是，我问亚历克斯·康茨（Alex Counts）是否愿意回美国就任GF-USA的执行董事。康茨是美国人，在孟加拉和我们共事将近十年，写了一本名为《贷款给我们》*的有关格莱珉的著作。康茨同意了，里德就任董事会主席。亚历克斯搬到了华盛顿，GF-USA将在那里设立总部，而杰夫与戴夫继续推进推广倡导运动。

至今，通过人民基金，我们只募集到了14.2万美元，仍在努力募集我们的业务计划所需的资金。我们希望能够另外募集到推广倡导运动所需的预算，那么就可以保证每一笔经由格莱珉信托的百元捐款，都能百分之百地送达那些草根型小额贷款项目——GF-USA或格莱珉信托，而不会从中收取任何管理费用和人力费用。我确信，如果我们能找到某个基金会、公司或个人愿意资助戴夫与杰夫的这个计划，亚历克斯就能够使人民基金翻上好多倍，直到在合理的时间内使百元增量累计达到1亿美元。

* * *

从我们还不知道格莱珉到底是否能在孟加拉以外奏效，至今，我们已经前行了很远。在文化、气候与发展水平迥异的国家中发展起来的数十个项目，已经证明了我们的小额贷款方法具有多么灵活的应用适应能力。我们竭尽所能地宣传小额贷款的力量，竭尽所能去帮助想在国外创建或扩展其项目的人们。为了集中精力，我们专注在那些专注于贫困的项目上，但我们确信，我们的模式也能够在非贫困人口中奏效。我们取得的这

---

* *Give Us Credit*，纽约：时代图书1996年出版。

些成功才不过是浮光掠影而已，全世界仍有成百上千万的家庭受到不公正的经济体系的歧视，那些经济体系不承认他们的贷款权，使他们的生活降低到实际上是奴隶的生活水平。这些人群的潜力没有得到开发，他们仍在遭受着饥饿与贫穷的苦难，尽管那种苦难是可以避免的。

小额贷款并不是能够一举消除贫困的神奇药方，但是它可以使许多人摆脱贫困，为另一些人减轻贫困。在我们寻求一个没有贫困的世界的努力过程中，小额贷款与诸多释放人类潜力的创新项目相结合，是一个至为重要的工具。

第十章

应用于美国与其他富有国家

每当被问到格莱珉是否也能在其他国家奏效,我都会强调,它能在一切有贫困存在的地方奏效,包括在富有国家。全世界的穷人都具有贷款价值。美国的许多个人和组织对格莱珉的初步兴趣,使我觉得他们或许会为了美国的穷人、无家可归者和失业者的利益复制一下我们的项目。我对所招致的诸多怀疑没有准备。令我吃惊的并不是对小额贷款能否在美国成功的重重疑问,他们根本不相信有**任何东西**除了治标之外真的能使人们摆脱贫困,这种悲观主义态度令我惊骇。许多美国人的观点是:他们的福利国家制造出来一个懒惰的、有机能障碍的人们组成的下层阶级,他们对自己做生意或帮助别人根本没兴趣,也没有那种能力。我了解美国人——不只是那些富有的或受过高等教育的美国人,而是总体而言的美国人——是特别开放、善于汲取的,他们的怀疑主义使我惊讶。我决定睁大眼睛寻找任何有兴趣想要尝试小额贷款的人。

直到20世纪80年代中期,美国人才开始对运用格莱珉法则解决其本国的贫困问题显示出真正的兴趣,我想那始于1985年。当时,阿肯色州州长比尔·克林顿(Bill Clinton)正在寻找能为阿肯色州低收入人群创造新的经济机会的方法。希拉里·罗德海姆·克林顿(Hillary Rodham Clinton)的大学同班同学简·皮尔西(Jan Piercy)刚刚和一个美国组织从孟加拉工作归来,当时在芝加哥的南岸银行工作。她介绍克林顿夫妇认识了芝加哥地区的银行家罗恩·格尔奇文斯基(Ron Grzywinski)和玛丽·霍顿(Mary Houghton),他们为了说服福特基金会支持格莱珉,已经做了许多工作。

* * *

罗恩和玛丽向克林顿州长建言,格莱珉式的项目可能会帮助解决州里的贫困问题,并建议他设立一家专门为阿肯色的穷人服务的银行。州长为之心动,邀请我去了阿肯色。当我于1986年2月又前往美国时,罗恩和玛丽安排了我们的会面。当时克林顿州长正在华盛顿出席年度州长会议,于是我们在四季饭店见了面——克林顿州长、希拉里·罗德海姆·克林顿、罗恩、玛丽和我本人。

比尔·克林顿是一个好奇心极强的人,他想要了解有关格莱珉的一切——它是如何开始的,如何运作的,为什么没有人在美国尝试过。州长和他的妻子都被我所讲的东西吸引住了,半个小时以后,克林顿夫人宣布:"我们想要它。我们可以在阿

肯色应用它吗？"*

"为什么不行呢？"我说，"如果有政府的承诺，怎么会不行呢？"

克林顿转向罗恩，问他要启动这个项目需要花多长时间。罗恩就所需步骤做了说明——要取得法律批准的所有程序等——结论是至少要花上六个月时间。

那位州长没有耐性。"时间太长了，"他说，"就不能办得快一些吗？"他转向我，仿佛在寻求帮助。

"如果你想要我那样做，我可以明天一早就启动它。"我说。

克林顿咧嘴向我笑着说："你真的能吗？那就是我想要的，我想要你那样做。"

我说明了我的计划。为了避免法律方面的复杂因素，我们需要将银行作为一个单纯的贷款项目建立起来。然后罗恩和玛丽将那个银行作为他们的一个项目进行收购，与此同时，我们要开始将贷款者组织起来。我向克林顿夫人和州长承诺将会去访问阿肯色，并将在会见州政府官员、可能贷款的人们、银行家、学者以及商界人士之后，提交一份项目纲要。

在随后的一周我初步体验了阿肯色。州政府的官员为我和小企业主们的会面做了精心细致的准备，罗恩和玛丽全程陪同。

---

* 希拉里·罗德海姆·克林顿对格莱珉理念的支持从未减弱。1995年，她到孟加拉访问了我们，并访问了在三个不同大陆上运行的一些小额贷款项目。她还是1997年小额贷款峰会的联席主席之一。

我被安排会见了一个当地电台的持有者、一个做快餐的、一个零售市场经理和一个药店的员工。但是,随着一个个活动的依次进行,我越来越觉得乏味,这些都不是我需要会见的人。克林顿夫妇告诉过我在他们家乡的州里广泛存在的贫困状况,但我并没见到任何应该帮助的那些穷人。这些人中没有一个是我要寻找的真正的穷人。

我向州政府的官员们表达了我的烦恼。"这些都是本地区最小的企业了,"他们解释说,"我们没有更穷的生意人了。"

"不,不,"我说,"我并不想会见穷生意人。我想见的是真正的穷人。"

他们看着我,仿佛我是在用孟加拉语和他们讲话似的。显然,他们不清楚该怎么做,也不清楚该带我去哪儿。

"你们这个州里有领取福利的人吗?"我问道,"也许管理救济规划的机关会有领取救济者的名单吧?"

"是的,我们确实有这样一个机关。"他们回答说。

"好吧,"我说,"咱们就把那张救济名单拿来,开始访问名单上的人吧。"

接待我的人迅速拨打了几个电话。

我们的旅行至此才开始变得有意思起来。我被带去会见一些福利救济领取者,我问一组人:"假设银行要借给你钱来开展业务,你会申请借多少钱呢?"

那个房间里静悄悄的,看上去没有一个人听明白了那个问题。终于，有一个人说："我没有银行账户。"

"但是如果你真有了一个银行账户呢？"我问道。

又是沉默。

"如果你有了一个银行账户，而且银行要借给你钱，你会拿它做什么？有谁能告诉我吗？难道谁都没有梦想过做点新的营生吗？有没有谁有什么爱好，如果当作全职工作就可能挣到钱的那些爱好？"

我在房间里走了一圈，逐个向每个人询问，我想激起美国的穷人在自助与自雇方面的兴趣。批评家们曾预言说，小额贷款将难以在美国推行，理由是，孟加拉有自雇的传统，而美国的自雇职业者还不到10%。他们争辩说，美国人在投入自己的业务之前，一般都需要经过长时间详尽培训的准备。这可与我在美国——无论是富人穷人、黑人白人、亚裔还是拉美人——随处耳闻目睹的"能做到"的精神（the "can-do" spirit）大相径庭。我本能地认为，此类评论是对一般美国人的贬低。每天我都读到白领、蓝领工人们被其长期雇主解雇的报道，我看得很清楚，未来的一代人会习惯于一生中有两三种不同的职业生涯，自雇则会更为常见。于是，我越发期望看到身陷贫困的美国人——有的已经贫困了两三代了——对我们的贷款建议将如何反应。

在阿肯色州一个小镇上的社区中心里，那些穷人脸上的恐惧与疑惑，与我在孟加拉无数次见过的一样。于是，我尽量镇静自然地讲下去。

"这么说吧,我在孟加拉掌管着一家借钱给穷人的银行,"我说,"上周,我见到了你们的州长,他请我把我的银行带到你们的社区来。我正在考虑是否就在你们这个镇子再开一家新的银行。我今天来就是想搞清楚,你们中是否有人有兴趣从我这儿借钱。"

我听到人群中发出窃笑。显然,这个房间里的人并没有真正相信我。我继续说下去:"我的银行是专门为穷人服务的银行,它不需要抵押担保,也没有信誉核查。我需要的只是某个失业或领救济的人,他或她对于拿那笔钱能有些想法。但是如果没有业务的话,我为什么要在这儿开办我的银行呢?我可以到别处去,把钱贷给别的社区的穷人。这就是我为什么要问,你们中有没有人对于可能拿到一笔贷款有些想法。"

一位一直仔细听着的妇女举起了手。她怕我没注意到她,便叫道:"嘿,我想从你的银行借钱!"

"好吧。"我微笑了,"现在我们有生意了。你想借多少?"

"我想借375美元。"

大家都哈哈大笑。

"你要这笔钱做什么?"我问道。

"我是个美容师,但由于没有适当的装备无法开展业务。如果我能买到标价375美元的修甲箱,我就有把握挣到更多的钱来偿还你。"

"你想多借一些吗？"我问道。

"不想，我只想买那个箱子，不想多借一分钱。"

另一个妇女举起手说："自从服装厂关张迁到台湾去，我就一直失业。我需要几百美元，那样我就可以买一台旧缝纫机，我想缝制衣服卖给邻居们。"

另一个妇女举起了手："我需要600美元买一个手推车，那样我就可以上街出售我做的热玉米粉蒸肉了。我做的玉米粉蒸肉在左邻右舍是很有名的，如果有个手推车我就可以卖得更好了。"

每一项提议都使我有理由去怀有希望。这些真正贫困的美国人的业务计划与抱负，与孟加拉、马来西亚以及多哥的穷人们大为相似。

* * *

在阿肯色的派恩布拉夫（Pine Bluff）开展的格莱珉试验项目，交给了朱莉亚·范德修斯（Julia Vindasius）负责，她是第二代美裔立陶宛人。朱莉亚在南岸银行工作时我见到了她，她很年轻，但极能干，于是我提议由她来负责那个试验项目。我的推荐使所有人吃惊，朱莉亚从未去过南方。

项目的最初名称是"格莱珉基金"，但我们很快发现，格莱珉这个名字使许多事变得复杂了，罗恩和玛丽要花费许多时间去解释格莱珉乃至孟加拉的历史。一天，我正在达卡的办公室，接到玛丽从芝加哥打来的电话，她建议将项目更名为信任基金

（Good Fund），寓意是：本银行并不靠抵押担保，而是凭着对其借贷者的信任。当然，信任基金要更有意义，也更简单，更容易理解。

信任基金慢慢地触及阿肯色成百上千的低收入者。克林顿竞选总统时，经常将它引用为与贫困做斗争的成功的创新方法。克林顿曾一度宣称，他打算以信任基金为模式创建一个小额贷款项目的全国性网络，这引发了来自美国各地的许多电话和信件。

在1992年接受《滚石》杂志的采访时，克林顿尤其热衷地谈到了格莱珉，而在另一篇文章里，两个编辑嘲笑他过于热衷在美国促进小额贷款。我很失望，但是一个美国朋友解释说，《滚石》的反应没什么可奇怪的，他解释说：格莱珉是一项"第三世界的技术转让"，要美国的精英们接受它可能还不太适应呢，因为即使要美国人采用与他们很密切的加拿大、德国或英国之类国家的成功政策，他们都会很勉强，克林顿要想说服其美国同胞们仿效一种孟加拉模式，事实将证明那是非常困难的。

就任总统后，克林顿仍继续亲自关切阿肯色的信任基金，并继续支持小额贷款。但不幸的是，自从1994年那次共和党大会的选举，他就未再花费太多的政治资本以争取将实施小额贷款纳入国家日程了。但无论如何，在他的总统任期以及其后的国际旅行中，他继续访问小额贷款项目的贷款者们，他的言论支持，促成了许多小额贷款项目的创立与扩展。

* * *

我在美国的许多地方重复了在阿肯色的经验。在南达科他州时,我住在拉科他基金的主任杰拉尔德·舍曼(Gerald Sherman)家,他家中还有妻子和两个孩子。杰拉尔德1988年在孟加拉接受过培训,拉科他基金是帮助土著美国人的小额贷款项目的一个榜样。杰拉尔德与拉科他基金的其他员工都是Sioux Nation的成员,他们向我展示了美国土著妇女做的漂亮的被子,她们过去从无经济发展的机会,但现在得到了贷款,她们在教堂和社区中心召开自己的会议,还自己销售自己的商品。

在俄克拉荷马,头人威尔玛·曼基勒(Wilma Mankiller),一个给人印象最深的部落领袖,也对格莱珉规划十分积极。在访问切罗基(Cherokee,北美印第安人)的疆域时,我见到一群二十多个贫穷的切罗基妇女。她们的脸上绝对是毫无表情。我告诉她们有关格莱珉的事情,她们就如石像般坐在那里,一言不发。

我说:"嗯,你们这儿的反应比起我在孟加拉所遭遇的要令人鼓舞得多呢。那儿的妇女们躲避我,她们总是说:'不,不,我们不想要,不需要你的钱。'边说边跑。我们总追着她们,可她们还是拒绝听。至少你们都坐在这儿听我说话,这真是极大的鼓舞。"

没有一个人笑。

"这个屋子里有人需要钱吗?"我问道。

没有人回答。没有一只手举起来。没有人转动眼神。

"如果你们都不需要钱的话，你们是否正巧有个邻居或朋友可能需要钱呢？"

一段长时间的沉默之后，一只手举了起来。"是，我有个邻居，我想他可能需要些钱用。"一个妇女说。

"做什么呢？"

"给他自己买一个带轮子的小炉子，那样他就可以去卖墨西哥煎玉米卷了。"

"他擅长做那个吗？他会做墨西哥煎玉米卷？"

"噢，是的。"那个瘦小的妇女说，"他煎的玉米卷是这儿最棒的，所有的人都喜欢他做的辛辣肉和脆玉米粉饼。"

"那好，去把他叫来吧，我肯定我们能借给他钱。还有谁的邻居或朋友需要钱的吗？"

屋子里的切罗基妇女们想了好一阵儿，然后，又有一只手举了起来。"我认识这个地区所有喜爱小狗的人。"

"那怎么样呢？"

"我能不能得到一笔贷款，来养小狗、卖小狗？"

"嗯，如果你觉得你能够取得经济上的成功，你能够挣到足够多的钱来偿还贷款的话，那么我们当然可以借给你那笔钱。你需要多少？"

"噢，我还不知道……建一个狗舍，做广告，买狗粮……我想我得需要500美元才能养出第一窝小狗崽。"

"好吧,现在咱们就成交吧,我会借给你500美元。"

"你同意了!就这样?"

"就这样。"

房间里的所有人都开始笑起来,我看到人们的眼睛放出了光彩。大家都纷纷举起手,把她们挣钱的想法说给大家听。

"我想卖盆栽植物,"一个人说,"我种东西很在行,我碰什么什么就长得好。"

"你自己有地吗?"我问道。

"那不成问题。这儿是印第安人居住地,这地没有私有权的,部落里的任何人都可以适当地使用。"

"你认为你能卖得掉那些盆栽植物吗?"

"噢,能,那是很容易的。"

我们又商定了那笔贷款,而且我可以看到,其他人都正在绞尽脑汁搜寻创造性的新想法。当会见结束我要离开时,她们都问着:"尤努斯,你什么时候回来?下次可要带着钱来啊。"

* * *

罗恩和玛丽并不满足于只是帮助乡村的穷人,他们很快将目光投向美国的城市。几年前,他们在芝加哥的一个贫民区买下了一个境况不佳的社区银行。由于黑人逐渐迁移进来,那一带的白人店主与白人开办的企业都已放弃了南岸。慢慢地,南岸银行赢回了社区的信任,争取到了新储户,并且开始贷款给那些传统银行所避犹不及的人。

当福特基金会想找一些独立银行家来评估我所提议的保证基金时,罗恩与玛丽受邀到孟加拉对格莱珉银行进行评估。他们立即就喜爱上了我们所做的事业,并希望也能在芝加哥的贫民区取得同样的成就。

1985年,应罗恩与玛丽的邀请,我第一次访问了芝加哥,应邀与社会活动家、经济学家、银行家以及社区负责人等进行会话。与我交谈过的几乎所有人都对我说的内容不屑一顾,他们认为孟加拉的经验与在美国消除贫困毫无关联。他们声称,芝加哥人需要的不是小额贷款,而是工作、培训、医疗以及不受毒品与暴力的侵害,自雇是一个只有在第三世界恒久不灭的原始概念。芝加哥的低收入人群需要钱来付房租、买食品,而不是做投资。他们根本没有技能。

我提出了曾向孟加拉银行家们提出的同样论点,我说:"穷人,是非常有创造力的。他们知道如何维生,知道如何去改变他们的生活。他们需要的只是机会,而贷款就是那个机会。也许我们相隔几千英里的两个社会是不同的,但我看不出孟加拉的穷人与芝加哥的穷人有任何不同之处。贫困的问题与后果都是相同的。"

看上去没有任何人被说服。只有罗恩与玛丽相信我。玛丽挑头建立了一个叫作妇女自雇规划(WSEP)的非营利组织,实施了各种各样的反贫困创新项目,其中包括全程基金(FCF)。全程基金创始于1988年,如果低收入的妇女自愿组合加入同为低收入者组成的五人小组，全程基金就向她们提供300—5000美元的投资资本。在对其贷款审批的过程中，不考虑信贷等级及其是否有抵押担保的因素。

WSEP的总经理康妮·伊文斯（Connie Evans）和刚从麻省理工学院毕业的苏珊·马泰乌奇（Susan Matteucci）并不了解小额贷款业务，但是她们非常乐于学习。在创建全程基金以前，康妮与苏珊住到格莱珉的村庄里，与我们的实地工作人员和区域经理们一起度过很长时间。她们回到芝加哥后，就按照我们的格莱珉手册实施应用。

实施证明是行得通的，但也遇到一些尴尬恼火的情况。从全程基金的实例中，我见证了美国的福利法是如何抑制甚至是阻碍领取福利救济者就业工作的。那些领取福利救济者变成了囚徒，不仅是被贫困所囚禁，还不能接受人们的帮助；如果他们挣到1美元的话，就必须马上向福利机构申报，并被从下一笔救济中扣掉；领取救济者不被允许从任何机构借钱。事实上，根据当时的伊利诺伊州法律，像全程基金这样的小额贷款项目是根本不许接近领取救济者的。妇女自雇规划必须与福利机构进行协商，以争取得到一个特许的施与权。为了争取得到州政府的批准，使全程基金得到三年试验期的法律豁免，我去那个州立福利机构作证，说明贷款确实可以帮助穷人摆脱救济。经过漫长的谈判，伊利诺伊州批准了一年的豁免权。此后，这一豁免权需要每年更新一次。多亏全程基金的成功，伊利诺伊州修订了法律,现在已经允许领取救济者借钱了。

全程基金无视那些传统的劝告,大胆地开始了。怀疑主义者们认定五个妇女组成小组的主意是行不通的,因为美国人天生就是独立的。然而,这种同等地位伙伴体系不仅奏效了,而且还是在芝加哥内城麻烦最大的区域奏效的。全程基金还定期组织"晚会",帮助人们彼此认识,鼓励想贷款的人们组成小组。

当全程基金运转正常之后,我应邀会见贷款者,到他们的家中访问,还参加一些庆祝活动。在伊利诺伊的穷人中间,我又看到了曾在坦盖尔的农村妇女那里见到过的那种兴奋眼神,又听到了对自我发现的同样的表达、同样的抱负和同样的热情。当然,这些美国的城里人不做养鸡、脱粒之类的活计,但是他们清楚地知道怎样做才能挣钱。他们对自己的技能都很自信,他们的创造力给我留下了深刻印象。一个贷款者用她的贷款买了配料和轻便烘炉,制售咖啡饼。另一个妇女以善讲故事而闻名,她把她的故事制成录音带,在邻里的店铺里销售。还有两个贷款者设计了一些衣服,在她们合伙租的店铺里销售。

我在芝加哥的一次经历特别感人,那是在我访问西区的一个西班牙人居住区的全程基金贷款者的时候。我震惊地听说英语已经从那个地区基本上消失了,我听到的都是西班牙语,却一个字也不会说,只能完全依靠那些与我同行的会双语的妇女自雇规划的工作人员。他们带我访问了贷款小组的几个成员。

其中一名成员是个长相很吓人的四十出头的女人,她只会说西班牙语。我告诉她说:"你做的被子上绣的图案很美。你是什么时候想到要做这个业务的呢?"

她通过一个翻译向我详细地讲述了她的生活。"詹妮(妇女自雇规划的一个工作人员)来找我说的时候,我挺害怕的,以为她是想卖给我什么东西呢,就躲着她。下一次她又带着另一个女人一起来了。那是邻居的一个西班牙妇女,她们努力和我谈话,可我还是吓坏了,听不进去。她们谈到做生意的事,可我根本不懂什么生意业务的事。我丈夫活得很艰难,他在一家工厂做工,如果我和外人说话,他就会非常愤怒。他不喜欢我独自离开这个公寓,我在芝加哥一个人都不认识,从墨西哥搬到这儿十五年了,一直就和我丈夫一起住在这儿。

"詹妮还是常常来,她把孟加拉的格莱珉银行的事讲给我听——那是一个很遥远的国家。她告诉我,那个国家中的妇女如何改变了她们的生活。我喜欢她给我讲的那些故事,我真希望我能像那个国家中的那些妇女一样。但是在这儿,好些事都太难了。我自己什么也不敢做。如果我给我丈夫找了麻烦的话,他会杀了我的。

"我开始和詹妮交谈。她介绍我认识了邻里的其他妇女。我听她们讲话,她们告诉我,她们的日子过得多么艰难,她们的孩子、丈夫、父母以及兄弟姐妹的情况,还有她们的童年。我看到了,原来我们都那么相像。我们谈到詹妮,谈论妇女自雇规划,谈论格莱珉银行,我们开始想象我们可以用贷款来做什么。我们互相鼓励，彼此帮助着搜集信息，我们还在业务上互相支持。我已经还清了第一笔600美元的贷款，现在正在偿付我的第二笔贷款，第二次我借了1000美元。"

"你销售自己的产品有困难吗？"

"没有，完全没有，供不应求呢。我本可以卖出比这多得多呢，但所有的活儿都是靠我自己手工，没有人能帮我。我儿子上学总不在家，只有我一个人在家。"

"你为你挣的钱高兴吗？"

她沉默了好久。然后，她开始慢慢地、耳语似的讲起来。我猜测她说的可能是，钱不多，但是对她有帮助之类的话。她停下来以后，翻译用英语说道："我从没想到我能挣钱。我丈夫从来没让我花过任何钱，我们一起去买东西时都是他付钱。我自己从来没有过钱，在美国生活的十五年里，我从来没有过一个银行账户。现在我有钱了，有自己的银行账户了，还有个支票簿。这事我丈夫根本不知道，我还不敢告诉他呢。"

我不知道说什么好。为了掩饰我的激动，我问道："许多人告诉我说，如果妇女自雇规划不坚持组成小组的做法，人们贷款就会容易许多，你同意吗？"

翻译把问题翻译过去，她看着我，轻声回答说："在这儿生活的十五年里，我没有过朋友，我谁都不认识，我就是孤单的一个人。现在我有了许多朋友。小组里的四个朋友就像我的姐妹一样。即使妇女自雇规划不借给我们钱，我也不会离开小组的。"

她眼中含满泪水，当翻译传达着她的话时，她用双手掩住了脸。

*　　*　　*

1988年，亚历克斯·康茨以一个富尔布赖特奖学金学者的身份第一次来到格莱珉。1996年，他写了《贷款给我们》，在书中，他将格莱珉在孟加拉一个村子里的影响力与全程基金的影响力做了比较。他讲英语，孟加拉语也很流利，所以能够完全沉浸于两种文化中的借贷者的生活之中。关于格莱珉贷款对妇女生活产生的影响，他搜集了那么多有趣的故事，以至于书的初稿有六百页之多。经过诸多痛苦的编辑裁决过程，书被删到三百五十多页。那是我读过的最引人入胜的故事。

现在，亚历克斯是总部设于华盛顿特区的非营利组织美国格莱珉基金会（GF-USA）的主席，在本书第九章中曾对该组织有过记述，它将格莱珉式的小额贷款项目引入俄克拉荷马的塔尔萨（Tulsa）、得克萨斯的达拉斯（Dallas）和纽约城的哈莱姆（Harlem）等地区。由于在美国、加拿大和拉丁美洲的许多组织的成员不可能去孟加拉旅行，我们就让他们到GF-USA去。

还有许多美国项目接受并采用小额贷款的理念，其中有些项目并不要求贷款者们组成小组；还有一些并不是以穷人为目标；许多项目的重点不是妇女；有几个项目只提供业务培训而不提供贷款。有大约二百五十个这类组织，组成了一个名为企业机会联合会（AEO）的网络，协调行动，并举行年会。我们与其中大约五十个应用格莱珉原则的AEO成员组织联系密切，还与其他一些使用不同方法运作小额贷款的AEO成员组织保持着联系。

* * *

小额贷款在欧洲也获得了成功，无论是在富有而失业率高的西欧国家，还是在东欧联盟国家，都获得了成功。然而，尽管有许多欧洲慈善组织，还有众多个人、银行家、记者都对我们的理念很感兴趣，但是很少有真正自己施行小额贷款规划的。我曾在波恩对德国的几个国会委员会和德国的主教联合会做过演讲，也曾上过法国的电视节目，并在英国接受了荣誉学位，但是，人们仍然没有真正行动起来。

也许，是格莱珉的理念与欧洲人的固有想法有太多相左之处。在发达世界，我最难对付的就是社会福利制度的壁垒。我们的复制项目一次又一次地遭遇着同一个问题：按月从政府领取救济的人，就像孟加拉的那些"遮蔽"之下的农村妇女一样，十分惧怕从头开始自雇谋生。许多人计算着自雇以后将要损失的救济费和保险费，之后得出结论，自雇谋生的风险太大。

有些贷款者确实试着秘密地接受贷款，希望不会被政府发现。但是政府的督察员们经常很快就能追踪到任何自做营生的领取救济者，于是马上就会撤销政府给他们的救济。在工业化社会里，"非正式的营业"就和非法的街头行骗差不了多少。要想合法，自雇的穷人们必须填写文件，向官僚机构提出申请，还要保存账簿。要指望一个没有经验、没多少文化的人去达到官僚体制的所有要求，那是完全不实际的。结果，从严格的法律意义上讲，我们在欧洲的格莱珉式的项目的第一批贷款者中，有许多都是违法者。他们得到的建议都是，在桌下交易，而不要把他们的贷款付诸文字。

常见的情况是，即使在法律允许一个穷人经营业务的情况下，慈善项目的运作者也不会允许。一名刚刚出狱的年轻男子，想要开一个卖法式炸薯条的小摊，但收容他的那个巴黎的慈善机构不肯接受这种独立性，相反，慈善机构自己办了食品摊，雇用这个男人做拿薪水的工人。

不过，欧洲的情况正在慢慢起着变化。越来越多的知识分子和社会科学家不再把国家看作救世主，而将他们的目光投向了个体创造力。罗萨琳德·科皮萨罗（Rosalind Copisarow）就具有至为远大的目光。罗萨琳德是波兰人，毕业于牛津大学和沃顿工商管理学院，是J. P. 摩根投资银行一位很有权力的总经理。在一次从伦敦到华沙的航班途中，她在《金融时报》上读到一篇有关格莱珉的报道，以前，她做过的贷款从没有过低于1亿美元的。她马上意识到，小额贷款正是波兰需要的。她和波兰的财政大臣讨论了这个想法，他马上向她提出挑战，要她辞去职务，全力投入，在波兰创立一个格莱珉项目。1993年12月，她决定接受挑战。她离开了J. P. 摩根。

罗萨琳德和她的小组研究了两百种不同的借贷方法，试验了其中的九种模式，想使格莱珉的应用能够适应他们国家的传统。今天，他们已有二十个分行，有四千个贷款客户，还贷率为98.5%，贷款总额为1000万美元。罗萨琳德的组织（Fundusz Mikro）打算申请具有完备功能的银行执照，成为自立独立的金融机构。

"回想起来，我以前的生涯看上去是二维的，它缺少灵魂。"今天罗萨琳德说，"我现在所做的事赋予我的工作真正的意义——因而，也赋予了我生活真正的意义。"她是许许多多将生命致力于帮助穷人获得小额贷款的社会企业家中的一人。

另一位小额贷款的前瞻者是博迪尔·迈尔（Bodil Maal），她原在挪威渔业部工作。1986年，博迪尔来孟加拉探望丈夫，她丈夫是长期居留在孟加拉的挪威顾问。博迪尔在渔业部的工作之一，就是要鼓励在罗弗敦群岛（Lofoten Islands）生长的姑娘们回家去。这些位于挪威北海岸以外的相当边远的岛屿，多年来一直面临着严重的人口减少问题，虽然年轻男子常会在大学毕业后回到岛上，但当地的姑娘们都不回去。没有什么能诱使她们回去。在她们的渔民丈夫或渔民父亲出海时的漫长等待中，她们几乎没有任何社交活动或商业活动，饱受孤独等待的煎熬。姑娘们渐渐从岛上消失，小伙子们也就开始离去了。

在芬兰北部和相邻的俄罗斯北部，也出现了类似的人口减少问题。多亏博迪尔·迈尔的不懈努力，挪威政府决定通过渔业部启动一个格莱珉项目。这个项目为妇女们提供商业贷款，帮助她们进行产生收入的活动，以帮助她们留在岛上，并使她们的生活减轻些孤独，增加更多的意义。

我应邀去访问了挪威北部的那些项目，看到的东西使我惊诧：又是一次社会变革，与我们在孟加拉所看到的范围相似，但性质完全不同。现在北极圈的妇女们终于第一次能够得到贷款了，并因此得以参加社区支持小组，获得了经济上的机会。她们利用贷款做各种营生，诸如编织毛线衫，制作镇纸、明信片、木制的侏儒像、当地的风景画，等等，真是五花八门。工作给她们提供了收入的重要来源，并对她们及其家人在经济上有所补益。然而，更重要的是，在这个挪威项目中，小额贷款成为保持社会完整的一个工具，并有效地为人们的生活增添了新的意义。

邻近的国家也赶上来。在芬兰，芬兰小额贷款有限公司在赫尔辛基地区开始运作一些效仿的项目，合作社性的Eko-Osuusraha——一个"绿色"贷款联合会——正在为生态与社会领域的人们提供小额贷款，还有由内务部掌管的另外四个芬兰乡村地区的小额贷款初始项目。所有这些项目都是基于博迪尔·迈尔在罗弗敦群岛所建立的模式。

第十一章

格莱珉在90年代

1990年12月，统治了孟加拉十年的军人政府在一次民众的起义中被赶下台。主张重回民主的主要政党们一致同意，支持一个由前最高法院为首的看守政府。在接下来的2月，那个看守政府组织了一次始终令人宽慰的和平大选，结果卡利达·齐亚夫人（Begum khaleda Zia）和她的孟加拉民族主义党获得了胜利。第二大政党的领袖谢赫·哈西娜（Sheikh Hasina）很明智地祝贺了齐亚的胜利。五年以后，她成为总理。

在孟加拉这样一个第三世界国家里，民主使穷人得以利用他们最大的财产。但是要这样做，他们必须积极地组织起来。我知道，让人听到格莱珉的贷款者们的声音是多么至关重要，于是我要求我们的全体工作人员在1991年大选前的几周时间努力工作，确保所有成人的格莱珉家庭成员都成为登记的选民。我还建议，每个中心集体决定支持哪个候选人，并且作为一个选举人方阵列队前往投票站。即使在那次选举中谋求政途的人没有重视他们，那些人在未来也会那样做的。我对所有人都讲得很清楚，格莱珉的工作人员不该去试图以任何方式对我们的贷款人选哪些候选人施加影响。

对于格莱珉的贷款者来说，通过民主手段选举领导人并非新鲜事。所有的格莱珉小组都选出自己的组长和书记，而且每一个中心都从那些组长中挑选一个中心主任和一个中心副主任。所以，看到我们的贷款者那么热情地接受在1991年的全国大选中行使其民主权利，我并没感到惊奇。许多中心的成员列队游行前往投票站，他们举着旗子，提醒大家，他们是来自格莱珉银行的一个中心，正在作为一个方阵进行投票。一些当地的政府提出，希望可以在格莱珉中心的会议上发言。

然而，对于格莱珉影响力的真正证明，来自选举以后。当时几个被击败的候选人来到我的办公室抱怨说，他们选区的格莱珉贷款者没有支持他们。我总是告诉这些政客，他们应该去和格莱珉的贷款者谈，而不是和我谈，因为我并不是操纵选票的人。

1991年大选还成了我们的一次热身，为1992年、1996年和1997年的关键性大选做了准备。1992年，大约四百名格莱珉贷款者被选到联邦议会中，而在1996年，格莱珉贷款者们率先取得了一种几乎无法想象的胜利——在全国大选中，妇女被选的数目多于男性，几乎消除了一个在国会中坚持不予以妇女权利的政党。此外，1997年，超过1750个格莱珉成员（女性1485个，男性268个）和1570个格莱珉贷款者家庭的成员被选入当地的机关，两名男性格莱珉贷款者和五十七名男性家庭成员被选为当地团体的负责人。这些获得成功的候选人在全国所有的本地团体中，占当选代表总数的6%。这一令人吃惊的结果向我们证明了，一旦格莱珉的贷款者们看重自己，他们就会乐于发表自己的意见。

1991年2月的大选结果和我们的小额贷款项目的持续扩展使我们十分高兴，但一系列挫折又使我们猝不及防，1991年几乎成为我们最为艰难的一年。第一个打击是，新当选政府决定，国有银行免除所有贷款额在5000塔卡（当时大约为125美元）的贷款。虽然这一政策听起来仿佛对穷人有好处，事实上由国有银行做的这些贷款几乎百分之百转向了人口中拥有土地的、富有的人群。但是，由于我们的大多数贷款额低于5000塔卡，许多格莱珉的贷款者以为自己的贷款已经被免除了呢。向我们的贷款者解释，为什么他们村里有钱人的贷款被勾销了，而他们的并没有勾销，是极为困难的事。然而我们别无选择。格莱珉不是靠政府的补贴生存的，将我们125美元以下的所有贷款一笔勾销会意味着我们的终结。最终，我们的贷款者接受了我们的论据，但那是要他们吞下去的一粒苦药。我们希望，在未来，孟加拉政府和所有有小额贷款项目的国家政府在豁免贷款之前要三思。

甚至在贷款的局势平静下来以后，我们的问题还远没有结束呢。4月30日，一股龙卷风袭击了孟加拉南部地区，在可怕的一夜中就夺去了十一万人的生命。这场龙卷风是在凌晨2点来袭的，大多数人猝不及防。许多格莱珉银行的工作人员和经理受了重伤，从惊骇中缓过来之后，那些能出去的人就坐船去寻找幸存者。在曾为房屋的废墟周围，死人与死牲畜肿胀的尸体漂浮着。

幸存者们被领到干地上去，他们中许多人受了严重的惊吓。一些人由于害怕抢东西的人把他们仅存的东西偷走，拒绝离开他们残败的家。在龙卷风造成的洪水之后的几个小时，许多受伤的幸存者死去了，因为他们无法得到即时的避难之所与食物。

当我抵达吉大港，对那一劫难进行评估时，我真是惊骇万分。一个妇女告诉我，她和她的孩子一起跑向龙卷风避难所，结果狂风把孩子从她怀里刮走了。几分钟后，她意识到，如果不马上进避难所，她就没命了。她再也没有见到自己的孩子。

我们免除了运用于住房贷款的所有通常的限制，宣布了我们的打算：不仅确保我们的贷款者重建他们失去的房屋，而且他们可以建起更好的房屋。我们的许多贷款者就是那样做的。他们还重新开始了他们挣钱的业务，并开始对他们的贷款做象征性的偿付。我们的工作人员和贷款者那么快就从自然灾害中复原，这总使我感到惊奇。人类极富创造力与复原力，特别是当他们在一个鼓励、支持他们行动的机构的框架之内活动的时候。每次我听到人们争辩说，下一场灾害袭击孟加拉时格莱珉就会垮掉，我都回答说：格莱珉与其贷款者会从比我们以前的更强有力的康复努力中复生。事实已经证明，每次的情况都是如此。

* * *

到1994年，我们终于从面对十年的那些挑战中完全恢复过来，享受着我们有过的最好的财政年头。我们解散了前一年的捐助人团体*，按照纯粹商业的方式运作。两年以后，在1996年4月，我们将我们的第十亿美元贷款发放给了我们的第两百万个贷款者。那是一个激动人心的时刻，一个始于即兴地从我自己口袋里掏出的27美元的贷款项目，已经达到了10亿美元的总额。两年以后，我们贷出了我们的第二十亿美元。格莱珉重新振作起来。

当我到那些村子里去时，看到我们的贷款者中有许多不仅越过了贫困线，而且把它远远地抛在了身后。我见到了一些每周分期付款超过500塔卡（12美元）的贷款者（这意味着他们在偿付其贷款的大约2%），他们告诉我，十年前他们从格莱珉得到的第一笔贷款是500塔卡。在十年里，他们借贷、投资与偿付的能力增长了50倍。

这样一个极为成功的故事出自莫什达·贝加姆（Murshida

---

* 20世纪80年代、90年代初，许多人捐款或为我们提供低息贷款，于是，协调我们与捐助人之间双边或者多边关系的捐助人团体应运而生。

Begum），她是PBS一个名为《为了我们的贷款》的有关小额贷款的纪录片中的主角。虽然一些人可能认为莫什达的故事很特殊，但是，它的确是在格莱珉发生的事的一个缩影——在得到贷款以后，人们如何能容易得多地去充分实现他们的潜能。

莫什达出生在一个有八个孩子的贫苦家庭里，她的父亲与祖父都没有任何耕地，15岁时，她嫁给了邻村一个在工厂做无技能劳工的男人。婚后的头几年，日子过得比较好，但生了孩子以后，境况就变坏了。在家庭开支加大的同时，丈夫带回家的钱越来越少了。后来才搞清，他是一个冲动的赌徒。1994年的饥荒中，公司给了他1800塔卡的补助，他把那笔钱全部赌输了。莫什达抱怨时，丈夫就打她。

为了额外挣些钱，莫什达将原棉纺成棉纱。她和别人签合同工作，得到的报酬非常之少，有时候只有一把碎米，但至少可以使她免于挨饿。她考虑过另一些可供选择的工作——为一个有钱的家庭做仆人，或是乞讨。但是她的孩子们怎么办呢？

一天，莫什达的丈夫离家一周后回来，抱怨说吃不饱。莫什达做了一点儿吃的，自己却一天都没吃东西。丈夫赌气打了她，然后离去了，说第二天早晨回来。那天经历了一场暴风雨，丈夫为了偿还赌债卖掉了他们的房顶，莫什达和她的三个孩子都被淋透了。这时，莫什达决定，必须要改变现状。丈夫午夜时分回到家中，莫什达面对着他。

"你只为女儿买了一点点面粉，"她记得自己当时说道，"但是什么也没给我买。然而村里的人都说你挣了好多钱。"丈夫勃然大怒，打她，然后马上和她离了婚，让她离开那个家。

"那么孩子们呢？"莫什达问。

"你可以把他们扔到河里淹死，我才不管呢！"他回答道。

莫什达托人给她哥哥带了个口信，他主动提出接她到自己家中。一旦搬进去，莫什达就找到了更多的订合同纺棉纱的工作。格莱珉银行来到她的村子时，她听说了。一开始，村里的负责人反对格莱珉，努力阻止它开办中心。一名格莱珉的工作人员劝莫什达不要加入，以为她会搬回到她丈夫的村子里。但是，莫什达在村子的小道上拦住了另一名银行工作人员，求他借给她钱。"我告诉他，如果需要的话，为了参加格莱珉银行的会议，我会游过一条河。我告诉他，无论他打算到哪儿去组成一个小组，我都想跟着他，以便我可以加入。我告诉他，他必须借给我钱，否则我和我的孩子们就活不下去了。他说，我当时无法组成一个小组，但是几天后会到我家来，组成一个小组。而他真的来了！"

一开始，莫什达借了1000塔卡，买了一头山羊，她用卖羊奶获得的利润，在六个月里还清了那笔贷款。结果她有一头山羊和一头小山羊，没有债。她受到了鼓励，贷了2000塔卡，买了生棉和一架纺车，开始制作女用头巾。现在，她批发她的头巾，带穗的100塔卡一条，不带穗的每条50塔卡。莫什达的业务增长很快，在高峰期，她在她的村子里雇用多达二十五个妇女来做围巾。此外,她还用她的利润买了1公顷耕地,用一笔格莱珉的住房贷款建了房子,让她的兄弟们开了业,包括纱丽贸易和生棉贸易。莫什达还成了她的中心的一个领导人,几次被选为中心的主任。

* * *

为了对莫什达这样的成功贷款者进行鼓励,格莱珉在20世纪90年代开始了各种新的贷款项目,包括为那些佃农,或是自从加入格莱珉买了一些地的贷款者们设立的季节性贷款。我们还设立了一种管井贷款项目,以便他们花50—100美元打一口手动井,就能得到安全的饮用水。我们新的家庭贷款项目使贷款者们得以从家庭成员产生收入的项目中提出贷款。我们的设备与耕牛租贷项目使贷款者通过一种与我们订的从租贷到拥有的协议,得以慢慢购买昂贵的设备与牲畜。贷款者利用这个项目购买录像机,摄录上层阶级的婚礼,购买用于耕种的电犁和灌溉泵、作为交通工具的婴儿车、面粉机、复印机、小群的良种牛和许多别的东西。格莱珉的贷款者不断地扩大活动范围,订出一些新的、有创造力的挣钱计划来,而我们想帮助他们把贫困线远远地抛在身后,使他们年幼的孩子几乎记不得生下来就贫穷的感受。

虽然我们想鼓励我们最成功的贷款者贷越来越大笔的款,但我们并没有放弃那些刚刚开始和贫困做斗争的人。我们宣布了一个新的目标:在规定的时间内,使格莱珉的每一个支行都

"脱贫"。

我们如何定义"脱贫"呢？我们对许多贷款者进行了采访，问他们一种脱贫的生活对于他们意味着什么，而后，开发出由十个指标构成的一套标准，工作人员和外界的评估人员可以用它来衡量孟加拉乡村的某个家庭是否过着一种脱贫的生活。这些指标是：

1. 有一个有锡顶的房子；
2. 家里所有的成员都有床或吊床（帆布床）；
3. 能得到安全的饮用水；
4. 有卫生的公共厕所；
5. 所有学龄儿童都在上学；
6. 过冬有足够的御寒衣物；
7. 有蚊帐；
8. 有一个家庭菜园；
9. 不短缺食物，甚至在一个很困难的年头的最困难时期也不短缺；
10. 家里所有的成年成员有足够的挣收入的机会。

我们一定会对我们自己用这些标准进行督查，而且正在邀请本国与国际上的研究人员，在我们致力于一个脱贫的孟加拉这一目标时，帮助追踪我们的成功与挫折。

＊　　＊　　＊

随着我对格莱珉银行取得的成就进行更多的思考，我想向其他的经济学家与决策者们传达这一点，即我们的成功不是一种偏离，而是一种新的企业的特殊范例——一个由我为其贴上"社会良知"的标签的态度所驱使的企业。但是我的解释几乎使创立一种新的经济学分支成为必需的事，传统的理论几乎无法帮助我讲清，我正在努力用格莱珉做什么。

年轻时，我认为自己左倾。因为我不喜欢现状，也不喜欢那些老旧保守的方法，如同我那一代的许多孟加拉人一样，受到马克思经济学的影响。但我也从不喜欢一些教条或告诉人们如何去思考、按标准惯例去做的组织。我从来就不是个伊斯兰主义者，但也不能摒弃我的文化。我从来不想过分激进到那种无法做我的祈祷，或是无法向先知表示敬意的程度。

我大学里的大部分朋友都是社会主义者，他们认为，政府应该照管一切。在范德比尔特，杰奥杰斯库-勒根教授虽然不是一个共产党人，但是，作为一种符合逻辑的构造，他欣赏马克思主义，所以他的教学将一种社会学的维度带入到经济学之中。没有了人性的一面，经济学就像石头一样又干又硬。

在美国，我看到市场如何使个人得到解放，使人们得以自由地做出个人的选择。但最大的欠缺是，市场总使情况偏向有权势的人。我认为，穷人应该能利用那个制度，以改善他们的命运。

格莱珉是一个民营的自助银行,随着它的成员挣到了钱,他们需要水泵、公共厕所、住房、教育、医疗等。

达到这一目标的另一途径就是让企业挣得利润,然后由政府收税,那些税收可以用来向穷人提供服务。但是在实践中,那种方法从来也不能奏效。在现实生活中,税收只是为政府的官僚机构买单,很少向穷人提供,或根本不提供任何服务。而且由于大多数政府的官僚机构都不是以赢利为目的的,没有什么诱因驱使它们提高效率。事实上,它们有一种抑制因素:没有公众的强烈抗议的话,政府经常无法削减社会业务,因此盲目与无能的庞然大物年复一年地继续下去。

如果格莱珉不赢利,如果我们的雇员没有目的、不努力工作的话,我们就会关闭。格莱珉是一家以赢利为目的的银行,也可以作为非营利组织的一个以赢利为目的的企业存在。无论如何,不能纯粹以逐利为目的进行运作。在格莱珉,我们总是努力去赢利,以便我们能支付所有开销,保护自己在未来不受打击,并且继续扩张。我们的重点集中在股东的利益之上,而不是他们的投资马上获得现金收益。

现在这种组织状况下的自由市场,并没有对所有社会方面的疾病提供药方,对此人们没有什么怀疑。对于穷人或老年人,它既没有提供经济上的机会,也没有提供医疗与受教育的途径。即便如此,我相信,政府——如我们现在所知——应从除执法、司法和国防体系以外的部门撤出,让民营部门,一个"格莱珉化的民营部门",一个由社会良知驱动的民营部门,来接管它的其他功能。

几乎从一开始,格莱珉就引起了许多争论。左派说,我们是美国人的一个阴谋,要在穷人中播撒资本主义的种子,其真正的目的是通过剥夺穷人的绝望与愤怒,来摧毁一场革命的前景。

"你真正在做的,"一名共产党员教授告诉我说,"是给穷人一点儿鸦片,这样他们就不会投入任何大一些的政府问题之中了。用你们微不足道的贷款,他们一声不响地睡了,一点儿声都不出。他们的革命热情都冷却下来了,因此,格莱珉是革命的敌人。"

在右翼,保守的穆斯林教士们说,格莱珉是要摧毁我们的文化与我们的宗教。

无论在什么地方,只要可能,我总是努力回避长篇大论的哲学、理论与"主义"。我采取一种基于社会的考虑。我努力去很实际地做所有的事,依靠从实践中学习,同时确保我正在朝着实现一种社会目标而前进。

从其简单的左倾或右倾的含义上说,我并非一个资本主义者,但我确实相信全球化的自由市场经济的威力,相信使用资本主义的工具的威力,我相信自由市场的威力与资本在市场上的威力,我还相信,向失业者提供救济并非解决贫困问题的最佳方法。身体强健的穷人不想要,也不需要慈善救济,失业救济金只是增加了他们的不幸,剥夺了他们去做事的动力,而且,更重要的是，剥夺了他们的自尊。

贫困并不是穷人创造出来的，它是由社会的结构与社会采用的政策创造出来的。像我们正在孟加拉所做的这样，改变那一结构，你就会看到，穷人改变他们自己的生活。格莱珉的经验表明，得到金融资本的支持，无论它是多么小，穷人都完全能改进他们的生活。

有人只需要20美元，另一些人需要100美元或500美元。有些人想脱粒，有些人想把稻米发酵，有些人做土制的罐子与盘子等器皿，而另一些人买牛。但是——全世界的开发专家们请注意——没有一个格莱珉的贷款者需要任何特殊培训。要么，作为家庭中必须要做的事，他们已经接受了这一培训，要么，他们在田间的工作中已经掌握了所需的技能。他们需要的只是经济资本。

出于某种原因，我们使自己相信，资本主义经济必须只能由贪婪作为燃料的驱动。这已经变成了一种本身自会成为事实的预言。只有使利润最大化者得以在市场中起作用，尝试他们的运气。没有为利润驱动的人们不在其中，他们谴责它，寻找着替代性的东西。

我们可以把一切错误推诿于民营部门，但是，如果我们不努力改变现状，不努力通过参与经济使状况好转的话，我们无法证明自己是正确的。民营部门与政府不同，它向所有的人开放，甚至是那些对赢利不感兴趣的人。

我向任何谴责民营部门的人提出挑战：如果你是个有社会良知的人，你为什么不以有助于社会目的的方式运作你的企业呢？

我深信，正如格莱珉二十多年的经验所显示出来的，个人所得并非唯一可能驱动自由企业的燃料。社会性的目标可以取代贪婪，成为一种强有力的动力，为社会良知驱动的企业（Social-consiousness-driven enterprise）可以成为基于贪婪的企业（greed-based enterprise）强有力的竞争对手。我相信，如果我们把牌打好的话，为社会良知驱动的企业在市场上可以做得非常好。

* * *

经济保护主义、补贴与福利是好心的人们为了减轻资本主义的锋芒而设立的。

我相信资本主义的中心论点：这个经济体系必须是有竞争力的。竞争是所有革新、技术改造与管理改进的驱动力。

资本主义的另一个中心特征是利润的最大化。利润的最大化确保了对稀缺资源的最佳利用，正是这一特征，使我们创造了一个贪婪的（几乎是嗜血的）人的形象，他所扮演的角色是使利润最大化者。我们设想，这个利润最大化者对于取得一些社会目的全无兴趣。然后我们假设，真正的活动家是很特别、很稀有的人群，有了他们，社会应该感到幸运。我们对他们感激不尽，于是将我们能给得起的所有特权都给了他们——贷款、社会承认、免税期、优先认购土地权、市场保护等。

我提议,对于资本主义的这一基本特征要做两项改动。第一项改动与资本主义企业家这一被过分渲染的形象有关。对我来说,企业家并非一个特别有才能的人。我宁愿持相反的观点。我相信,所有的人都具备成为企业家的潜力,其中一些人得到了机会,表现出这一才能,但是更多的人根本没有那个机会,因为别人使我们以为,企业家是一个不同于常人的极有才能的人。

如果我们大家都如此观察每一个人,甚至把那个正光着脚在大街上乞讨的人看作有潜力成为企业家的人的话,那么我们就可以建立起一个允许每一个男人或女人探索他或她的经济潜力的经济体系来。在企业家与劳工中间的那堵旧墙会消失,变成一件个人选择的事:是变成企业家,还是一个挣工资的人。

第二项改动与企业家如何做投资决定有关。经济理论只是将企业家描绘成追求利润最大化者。的确,在诸如美国这样的一些国家,公司法要求利润的最大化,对于一个使用公司全部资金造福社会,而不是去使股东的利润最大化的总经理或董事会,股东们可以提出起诉。结果,在对企业家进行考虑时,社会的角度就被完全忽视了。对于社会科学与社会本身,这不是一个好的起点。即便社会方面的考虑在一个企业家的投资决定上只起非常小的作用,我们还是应该允许他们在社会效益方面发挥作用。一个人对于社会的考虑,是通过产生适当的社会价值被反复灌输的品质。如果我们在理论框架中不给它们留余地,那就是在鼓励人们行动时根本不去考虑社会的价值。

当然，市场需要一些规划来有效地分配资源。我提议，用一个综合化的原则——企业家将由两种成分构成，第一种成分是利润，第二种成分是社会回报，条件是利润不能是负值——取代那个狭隘的利润最大化原则。（实际上，这两种成分都不该是负值，我之所以这样概念化，是为了紧靠现存的利润最大化原则。）

所有的投资决定都可以在一系列可供选择的范围内做出。在极端的情况下，一个社会活动家会继续待在市场上，只要他或她的造福社会的企业至少能够持平。

根据这个原则，举例说，一个社会活动家可以开办一家为穷人服务的健康服务机构，如果它在经济方面能够存活下来的话。其他这样的企业或许包括为穷人服务的金融服务机构，为穷人服务的连锁超市、教育机构、培训中心、再生能源机构、旧房子、残疾人机构、回收企业、销售穷人制作的产品等。

这些类型的为社会良知所驱使的企业家很稀少，很难找到吗？我不认为是这样。我们越寻找，越会发现他们，就越发容易成为他们那样的人。

* * *

我设想，社会是由许多不同种类的人构成的。在一个极端，是寻求个人收入的资本家，他们只想将利润最大化，全无社会的考虑，根本不想在一个产生负值的社会效益的企业上投资，只要它产生一种最大化的个人的利润就行。

在另一个极端，是那些为社会良知有力驱动的活动家。他们受到吸引，在社会回报最大化的事业上投资，只要那些企业在经济上能够生存下去即可。

在这两个极端中间，大多数企业家以一种使他们得到最大程度自我实现的方法，将利润与社会的考虑综合在一起，通过社会承认与奖赏的各种各样的手段——我考虑的是奖项、荣誉、公众的承认——社会可以越来越多地对企业家产生影响，使他们朝着为社会良知驱使的投资方向前进。

可以建立一些专门机构，来促使这样的投资越来越多地产生出来。一个企业家可能在掌管一个对社会回报有些关注或毫无关注的企业，但是他或她也可以创始或运作一个在经济上可以存活、完全致力于社会回报最大化的企业，或是作为个人，或是作为一个信托机构，或是作为非营利企业组织的成员那样去做。

这个方案不仅使未来的企业界人物与现实生活更为贴近，还为一种从社会角度与环境角度讲都很友好的全球经济创造了余地。

经济学必须要展示出，市场经济不一定必须是"嗜血"的资本家的赛场，它可以是所有想将这个世界向正确方向引领的好人的竞争场地。

* * *

一个人应该把格莱珉的哲学放在政治意识形态范围中的何处呢？右翼？左翼？中间？

格莱珉支持少依靠政府——甚至鼓吹尽量少与政府打交道——致力于那个自由市场，促成企业化机构的产生。所以它一定是偏右的。

格莱珉致力于一些社会目标：消除贫困，向穷人提供教育、医疗与就业的机会；通过给妇女权益达到男女平等；确保老年人的安康。格莱珉的理想是一个没有贫困、没有福利的世界。

格莱珉与现存的合法制度相对抗，反对一种只基于逐利的企业，与以逐利为目的的企业竞争。

格莱珉并不相信放任政策。格莱珉相信没有政府插手管理企业、提供服务的社会介入。社会介入应该通过一揽子政策进行，以鼓励企业向社会向往的方向前进。它应该向由社会良知驱动的企业提供诱因，激励这个由社会良知驱动的部门的竞争精神与力量。

所有这些特色都将格莱珉置于政治上的右翼。

* * *

由于无法以格莱珉在公有、民营部门的关系中的地位为基础对它进行判断，因此，很难使用传统的政治术语来给格莱珉贴上标签。就人们的普遍理解，格莱珉受到公有与民营两个部门的反对。它力争创立一个全新的部门——我称之为社会良知驱动的民营部门。

谁会，或是谁能介入此中呢？为社会良知所驱动的人们。社会良知能够像贪婪的欲望那样烧灼人，甚至更为烧灼人。为什么不给那些人留些余地，让他们在市场上起作用，去解决社会的问题，并使人类的生活更为和平、更为平等、更为富有创造力呢？

公有部门失败了。或者至少说，尽管我们尽了最大的努力，它还是落伍了。补贴、经济与政治上的保护主义，以及缺乏透明度所掩盖的官僚体制正在消灭它。它已经变成了一个腐化的游乐场。始于良好意愿的东西，变成了一条通往灾难之路。

随着公有部门的灭亡，为这个世界所剩的唯有那个以个人所得为基础的民营部门了。这并非一种令人鼓舞的前景。我们至少应该记得，是贪婪与腐化易于诱引人们，在机会甚微的情况下结成牢固的伙伴关系。在这个世界向贪婪与腐化投降之前，我们必须认真地审查一下，社会良知作为一个抗体所具有的力量。

* * *

批评家们经常争辩说，小额贷款并没有对一个国家的经济发展做出贡献，即便它确实有所贡献的话，那也是不足道的。

但那要全部取决于人们如何看待经济发展了。它是人均收入吗？人均消费？人均的任何东西？

我总是不同意对于发展的这种定义。我认为它遗失了发展的精髓。对我来说，处于总人口底层的50%的人们生活质量的改变是发展的精髓。甚至更为精确地说，我对于发展的定义要将注意力集中在人口底层的25%的人们的生活质量之上。

这就是生长与发展分道扬镳的地方。那些相信生长与发展是同义词，或是以同等速度前进的人，以为社会的许多经济层面就像许多火车车厢一样，以某种方式被联系在一起，一个人只需为整列火车的发动机增添燃料，火车上的每一个人就会以同等速度前进了。

如果没有成长的话，任何东西都不能前进——这是真实情况。但是，这个经常被使用的火车和彼此相联的、众多社会经济阶层的人的比喻，在一个重要的因素上失败了。火车由位于前面的一个机车拉动，或从后面推动，或者拉动加推动。但是在人类社会中，每一个经济的团体或组织均有其自身的发动机。因此，所有的发动机加在一起的力量将经济推拉向前。如果社会没能开动某些发动机，而忽略了那些阶层的话，这个经济的综合力量就会大大减弱。更糟的是，如果处于尾部的社会阶层的发动机没被开动的话，那些车厢可能开始向后滑动，乃至独立于社会的其他阶层，那将对每一个人造成伤害，包括那些日子过得好的人。

通过帮助后面的（或说三等）车厢中的每一个乘客，小额贷款把整列火车向前推进。这不是减慢火车的速度，而是增加它的速度，那是今天的大多数所谓的发展项目没能做到的。

当然，在公路、水坝、电站和机场的投资增加了头等车厢的发动机的效率，那是最花哨、最有钱的东西，而且使火车发动机的功率增长了多少倍。但是这些投资是否能帮助点燃后面的车厢——社会所有其他的阶层，或是增强它们的"功率"，那仍是个未知数。

小额贷款会导向重大的基础设施的建造吗？小额贷款点燃了被人摒弃的、社会底层的、小小的经济发动机。一旦许许多多小的发动机开始工作了，下一个目标就可能是更大的工作了。

可以将小额贷款的贷款者与施惠者组织起来，拥有一些大的企业，甚至是一些基础设施公司。为了加速克服贫困的这一进程，格莱珉已经创立了许多公司，下一章将对这些企业中最令人激动的几家进行描述。

第十二章

超越小额贷款：格莱珉众企业的新世界

1985年，我接到了孟加拉渔业部常任部长打来的一个电话。"尤努斯博士，"电话另一头的那个声音说，"我们没见过面，但是，通过您的工作我对您非常了解。我想和您讨论一个渔业项目。您去过塞勒贾纳（Serajganj）吗？"

"去过，"我回答说，"但只是在有限的地区内。我们刚刚扩展了我们在博格拉（Bogra）的工作。"

"您必须要访问一下在尼姆加奇（Nimgachi）的那个渔业部的项目。我们有将近一千口大池塘，那原是一千多年前Pal的国王们（Pal王朝在当地的印度统治者）为了向人们、向国王的牛群提供饮用水而挖掘出来的。现在它们已经被淤泥堵塞了，我们的项目是要重新挖掘它们，以用于捕鱼。"

"这个项目怎么了？"我问道。

"这就是那个麻烦事了。我最近访问了那个地方，去搞清英国的外援机构为什么拒绝为这个项目再给我们钱，那种公然的腐化与管理不当使我大为惊骇。现在我对您有一个请求。"

"什么请求？"

"我请求，您接管这个项目，您可以想做什么就做什么，我们不干涉。"

"我用数以百计的水塘做什么呢？"

"请您不要拒绝我的请求，至少到那个项目的地区走一趟，看看这些水塘有多么美，看看它们对国家有何等的潜力，您会被感动的。"

"我们是一家银行，我们不知道如何捕鱼。"

"对，我知道。如果您认为您无法做那件事，至少为了保管起见接管那些水塘。在我看来，如果还由政府掌管的话，它们就什么也剩不下了。"

那位部长既在谴责自己的工作人员腐化，又想努力保护那些水塘。虽然我不太乐意涉足我不擅长的行业，但还是受到了那一挑战的诱惑。我和我的同事们讨论了这件事，他们也感到，如果政府真的想把那块地给我们的话，我们应该接受。

一周以后，我又接到那位部长打来的电话，但是我还不想改变我的立场呢，我的回答还是否定的。

"我是因为别的原因给您打电话的，"他说，"我要召开一个有关渔业部未来政策导向的会议，我希望您来规划我们的设想。"

"如果我出席会议，您又会提起那个尼姆加奇的项目，对我施加压力要我接管它了。"我说。

"我向您保证,在这个会议上我绝不提那个尼姆加奇的话题。"

我大笑着同意了。我不相信他会遵守诺言,但我想见见这个对我如此信任的人,尽管我们从未谋面。

大约有一打人参加了部长的会议,他们中有一半是渔业部的最高政府官员,另一半来自大学和研究机构。会议进行了两个小时,有关尼姆加奇的那个项目,部长一个字也没说。

就在会议即将结束的时候,部长向我倾过身来耳语说:"您能留一会儿吗?我们喝杯茶,单独讨论一下。"

所有的人都走后,有人给我们端上了茶和小吃。部长微笑着对我说:"您看,我遵守了诺言吧?会上我没有提尼姆加奇的项目,现在会完了,我可以提起它了,对吧?"

他讲述了那个项目的前前后后,他的工作人员的腐败,以及打算把水塘移交给格莱珉的计划。他说他很愿意以我们自己的条件把那个项目给我们,然后交给我一摞报告,帮我打定主意。

回到办公处,我决定为此事而努力。这儿有一个最不同寻常的部长,真正心怀国家的利益。在政府想帮助穷人的时候,通常采用一种自由分配的政策——对金钱、土地或财产自由分配。但是,在从政府到穷人手中的一路上,这些免费的物品很少有到达穷人手中的,更有权势的人们排成队,去利用那个分配制度。我们想把这种潮流颠倒过来,机会正在眼前,我怎么能不帮助那个部长呢?在从政府手中接过财产这件事上,我们怎么能做错呢?

对于孟加拉人来说，鱼是重要的蛋白质来源，而捕鱼是一种非常重要的产生收入的活动。这儿有一个将重要财产转交给没有土地的穷人的机会，可以将那些未挖掘的水塘与当地穷人未加利用的能力结合在一起，创造出一种大胆的化合作用，来提高他们的生活质量。如果在这项冒险活动上成功了，我们不仅帮助当地人获得了食物、衣服与住房，而且帮助他们变成了重要的经济活动参与者。我们决定接受这一挑战。

我给部长写了一份很长的备忘录，同意接管那个项目，但只是在某些苛刻的条件下接受。我想要一份年租金很低的九十九年的租约，想要政府在移交时马上撤走其所有工作人员，并且我们需要一份详细的清单，将正在予以我们的一切都列出来。

我派人送去了那份备忘录，第二天，部长给我打电话说，他同意我的所有条件，但是政府的规定上只允许我们订二十五年的租约。我回答说，我们可以接受这一点。听上去那位部长松了一口气。非常奇怪，在我经营格莱珉的经历中，我只在政府机关中见过说"不"的先生，现在官僚机构的最高层有人来寻求我们的帮助，并且同意我们的条件，对我来说是一种全新的经历。

部长以闪电般的速度把一切都办好了。他将提议上交总统与国土部报批，那完全是一种官僚程序，然而整个事情在两个月内就都完成了。

1986年1月，我们就将尼姆加奇项目移交给格莱珉银行与政府签订了协议。这个项目包括783个大小不等、形状各异的水塘，一共1666公顷，覆盖巴布纳（Pabna）与塞勒贾纳四个小区。1988年，政府将更多的水塘租给了我们，总数达808个。

怀着很大的期望，我们开始了在渔业界的新的冒险活动，但是很快就遭遇了挫折。1987年，毁坏性的洪水袭击了孟加拉，给我们造成了严重的损失。第二年，我们遭遇了百年来最大的洪灾，更大的损失接踵而至。我们为消灭水塘里的捕食同类的鱼的努力都被洪水抵消了，洪水带来了新的捕食同类的鱼。

我们接手的育苗水塘屈指可数，别无选择，我们只能直接在水塘里进行过量的孵化产卵，这造成了浊物沉积、酸度增高、有害有机物的沉积和其他一些问题。而且，虽然盗窃事件大大地减少了，偷捕的事仍屡有发生，特别是在边远地区。我们放弃了以最初计划的规模进行生产的希望。

但是，比自然灾害更让人意气消沉的，是人们对我们的努力的抵制。从一开始，旧的官僚机构与当地的既得利益者们就不是欣然地接受我们。那些原先得到授权掌管这个项目的政府官员对于格莱珉的接管尤为气愤。他们抱怨说，他们名誉扫地，自尊受到了伤害，而且他们感到是格莱珉在享受他们的劳动果实。

这类官员中的许多人还在当地人中间煽动反格莱珉的情绪，一些主要政党在当地的领导人也持对抗态度。那些领导人争辩说，开发是政府的事，不是一家私立银行的事。但是这些政客对我们感到愤怒的真正根源在于那一事实：他们不再能在渔业管理上施加影响了。在某个地区，某个最重要的政党组织了反格莱珉的示威和公众集会，试图说服村民，我们（格莱珉）是一个打算剥削当地人、把利润汇到国外去的外国组织。

人们的情绪从怀疑到公开对抗不等。有时，我们的工作人员由于害怕受到袭击而不敢跨出住宅大楼，但是，即使在最恶劣、最紧张的僵持状况时，我们都有信心，我们能扭转局面，赢得人民的信任。为了达到目的，我们多次会见当地人，呼吁他们的支持。我们许诺，对于那些水塘的正确管理，不仅会使没有土地者受益，而且将使整个地区受益。为了证明我们的良好信誉，我们为穷孩子组织了大约四十个学前学习中心。最终，工作人员的耐心与真诚获得了效果，最初的敌意与怀疑渐渐消退了，曾经烧掉我们的办公室、用枪逼着我们的工作人员离开村子的那些地下武装革命组织消失了，我们终于可以将精力集中在渔业生产之上了。

这项工作很困难，如果不首先建立一个技术的、物质的与管理方面的基础，来对水塘的生产进行有效的控制，我们就无法帮助当地的穷人。由于我们的工作人员都没有渔业方面的背景，我们让他们上渔业生产的速成班，把他们送到中国去，学习水塘管理与鱼的繁殖操作。终于，我们巨大的资金投入与人员培训开始有了收效。我们邀请当地的穷人作为我们的业务合伙人：他们贡献他们的劳力，并看守水塘防止偷捕，我们则提供所有的技术与管理，收获五五分成。从这一协议中，我们的合伙人得到了一笔丰厚的年收入，我们也努力使自己做到收支平衡。

我们还采取了一个奖励计划来促进生产。如果水塘里打出的鱼超过了预定的目标，工作人员就得到奖励。那些在政府掌管期间偷过鱼的穷人，现在成了我们最好的农夫、最好的保护者，而且是利益分成的合伙人。

在未来，随着我们克服技术、经济与管理方面的挑战，我们希望创立非营利渔业基金会的以赢利为目的的子公司。这些子公司的股份，将由现在是我们五五分成的合伙人的渔业组织的成员们拥有。如果这种管理与所有制的模式奏效的话，我们一定使它在整个孟加拉推广，使闲置的水塘活跃起来。如果我们将小额贷款与水塘管理项目相结合，一定会调动孟加拉大量拥有的两种到目前为止还没得到充分利用的资源：众多没有土地的穷人和一百五十万个淡水池塘。

格莱珉在渔业方面的经历表明，新的草根体系可以从零设计开发出来，这样，穷人就可以更好地掌握高端的技术，并且在一个宏观经济的项目中拥有股份。技术是提高生产力的一个至关重要的先决条件，但是必须对它加以导向，只有这样，提高了的生产才不会简单地落到富人手中。

在孟加拉，人们没有理由继续贫穷，我们的问题是管理，而非缺乏资源。有适当的管理构架,孟加拉富有的资源可以一劳永逸地解决我们的贫困问题。

比如纺织。孟加拉有着能制出上等手织布料的悠久传统,譬如多少世纪以来为欧洲宫廷所需求的平纹细布。不幸的是,随着工业革命在欧洲发生,机制布料在英国的突然涌现,对孟加拉布料的需求锐减。我们的殖民地宗主们为了控制市场,禁止在孟加拉进行手工织布,甚至惩罚那些违反禁令的织布人,砍掉他们的拇指。尽管有这样的禁令,用手纺机织布的人们还是将他们的技艺代代相传。印度独立运动开始时,表示反叛的方式之一就是抵制英国布料,只使用本国生产的织物。今天,在孟加拉,有一百万用手纺机织布的织工迫不及待地为他们的产品寻找市场。

手纺机的织工们总是极为贫穷的。他们织出美丽的布料,做出最华丽的纱丽,但是他们的女人穿不起,他们的孩子赤身露体。许多加入格莱珉的妇女来自手纺机织工的家庭,在手纺机的村子里,在一年中对于手纺机贸易很特别的那个月里,我们总是碰上还贷的问题。这个借贷月在两个农业收获季节之间,这时,人们已经没有购买力了。格莱珉的董事副经理哈利德·沙姆斯(Khalid Shams)对于织布家庭在还贷方面的许多困难极为担忧。他为我们悠久的织布传统自豪,他想看到在孟加拉的经济中重新得到应有的地位。

哈利德想通过与这些织工一起生活,体验他们每日的艰辛,理解他们的问题，于是他在织工人口最稠密的那个格莱珉分行生活了一周。他渐渐体会到，织工们的首要问题就在于以一种公平的价格购买纺车。为了解决这个问题，他会见了纺织部的负责人。但是，虽然从部里得到许可从工厂直接购买纺车并不难，但是，真正从工厂得到送货可完全是另一回事。我们得知孟加拉的纺车市场运作的艰难方式，纺织工会的领导人如何与一小撮批发商控制着纺车的价值与供货。

哈利德还发现，孟加拉正在进口一种名为麦德拉斯格子布（Madras Check）的价值大约1.5亿美元的印度布料。我们大为惊骇。在我们努力为我们自己的手织布创立国内市场时，却正在从我们的邻国进口价值1.5亿美元的布料。别人告诉我们，那种印度纺织品质量极高，我们本国织的东西无法与之相比。但是当哈利德从贝尔库奇（Belkuchi）——最好的长布料产地——采样时，那些服装厂与买家一致认为，我们的布料比进口的印度布更好，但买家仍然没有对购买本国布料显示出任何兴趣。这太困难了。他们解释说，他们不能为了得到所需的数以百万码的布挨家挨户地到孟加拉的每一个织工家去，与之相比向印度的供货商下一个巨额的订单要容易得多，供货商会按时提供他们所需要的任何东西。

哈利德试图引起一些私企的兴趣，去为服装业组织手纺布料的生产与批发。由于没有人表示出任何兴趣，格莱珉决定亲自去做。我们要扮演中间商与供货商的角色，接受出口商的订单，负责布的质量和它的送货。1993年，我们创立了一个名为"格莱珉的首创"的独立非股份制、非营利公司，将传统的手纺织工们与以出口为主的服装业联系在一起。那些织工由于参与到出口市场而欣喜万分，创造了一系列新的美丽布料，我们称之为格莱珉格子布（Grameen Check）。

进入国际市场并非易事。我们在纺织品方面毫无经验，哈利德非常努力地工作，组织起一个团队，并学会了那一行业的一些诀窍。格莱珉并不是在做任何花里胡哨的事——我们所做的只是促进生产，接受订单，为独立的以家庭为基础的织工们充当市场经纪人。我们将订单上的专门要求传达给织工，将质量最好的纺车给他们，这样，他们就不用等候运营资金了。我们还要确保他们的产品符合质量要求，并按时交货。在我们的帮助下，织工们不必为获得订单或销售他们的产品担忧了。我们的方法奏效了，在头一年里，总销售额达到250万美元，三年以后，达到1500万美元，销售额仍在增长。

作为一种产品，格莱珉格子布具有很大的市场潜力。它是手织的、全棉的，非常诱人。1996年2月，在巴黎，蒙联合国教科文组织（UNESCO）的允许，我们举行了一场由孟加拉天才模特比比·拉塞尔（Bibi Russell）出场、有巴黎时尚要人与杂志社参加的时装秀，其他媒体马上就对那些图案大为欣赏。今天，有八千个手纺织车在织造格莱珉格子布，它们在意大利、法国、英国与德国销售。在孟加拉所有失业织工的努力下，我们很容易就将生产规模提升到每周100万码。我们正在致力于吸引欧洲与北美的更多买家。

在我们介绍格莱珉格子布时，一些买家问我们，是否也可以提供带格子的法兰绒。我们意识到了，要将格莱珉格子布转为格莱珉法兰绒，我们会需要自己的机器，于是我们与我们的一个朋友，扎法鲁拉·乔杜里博士（Dr. Zafarullah）合作，他新近为一个纺织机厂购买了土地。这个以格诺沙萨亚·格莱珉纺织机有限公司而闻名的工厂，1998年投产。

成功开发了法兰绒后，我们现在正在努力生产黄麻与棉混纺的布料。黄麻是一种在孟加拉大量生长的天然纤维，曾经只被用作一种包装材料。格莱珉正在为黄麻寻找一些新的用途，把它与棉或丝混织在一起，作为用于家庭装饰的织物。很快，新的技术将提供一些方法，以一种很有竞争力的价格使用黄麻作为服装的布料。

我们的希望是，随着我们的布料生产变得越发多种多样，随着市场的扩展，我们的织工将使一种美丽的孟加拉才艺得到复兴。为了达到这个目的，我们正在与美国格莱珉基金会（GF-USA）合作，以使美国市场向格莱珉纺织品开放。GF-USA正在帮助我们，与美国的一些个人与公司构成合作伙伴关系。

在整个过程中出现的一个惊喜是从国内市场得到的积极反响。突然间，格莱珉格子布变成了一个家喻户晓的名字，穿格莱珉格子布表明对孟加拉的艺术与传统的自豪。为了应对迅速成长的国内市场，我们创立了另一家公司"格莱珉产品"，重点在于用格莱珉格子布料和其他孟加拉手工艺制成的成品。

哈利德不愿止于纺织品，他把格莱珉的前景看得要远大得多。1994年的一天，他介绍我认识了伊克巴尔·卡德尔（Iqbal Quadir），他是一个年轻的孟加拉裔美国人，毕业于奥伯林学院（Oberlin College）。哈利德说："伊克巴尔有个想法：我们可以申请一个执照，在孟加拉开办一家手提电话公司，我们可以把手提电话带进乡村。"

听上去那是一个令人激动的想法。我们一步步地积累有关手提电话的信息。1996年，孟加拉政府颁发了三份经营手机的许可证，其中包括给我们的一份。我们在1996年11月1日签署了许可协定，我向新闻界宣布，我们在1997年3月26日，孟加拉的独立日这一天开始我们的服务。我们组成了两个独立的公司——一个是营利的（格莱珉电话*），另一个是非营利的（格莱珉电信）。

格莱珉电话得到了许可证，正在孟加拉城市建立一个全国性的手机网络。而后格莱珉电信会从格莱珉电话那里购买大块的通话时间，通过格莱珉的贷款者在乡村零售。在六万八千个村子里，每一处都有一个格莱珉贷款者作为村里的"电话女

---

* 格莱珉电话（GrameenPhone）是一个联合企业，由挪威Telenor（51%）、格莱珉电信（35%）、日本Marubeni（9.5%）和Gonophone开发公司（4.5%）四部分组成。

士",通过经营我们称之为一个"村中公用电话"的东西,向村民销售电话服务。通过一个贫苦妇女,这个村子就会变得与全世界连在一起了。

如同计划的那样,格莱珉电话公司于1997年3月26日开始其业务,开业仪式在总理官邸举行。我们的总理谢赫·哈西娜(Sheikh Hasina)用一部格莱珉电话给正在挪威北部度假的挪威首相打了电话,说:"那儿的天气如何?"

"这儿非常冷,零下36度。"那个挪威人回答道。

"在那样的天气里你们如何能享受呢?您下个假期最好到这儿来,我们达卡是令人愉快的32度。"

打完这个国际电话后,一个国内电话打来找我们的总理。那是格莱珉的一个叫拉里(Laily)的格莱珉贷款者从达卡北面的帕蒂拉(Patira)村打来的,她用她的手机给总理打的电话。拉里是格莱珉的第一个电话女士,从那时起,她让别人付费使用她的电话,从中挣得了一笔可观的收入。

1997年,孟加拉的电话占有率差不多是世界上最低的,每三百个居民有一部电话。全国一亿两千万人口只有四十万部电话,而且都集中在城市里,绝大部分在达卡。在任何时间,都有多达四分之一的电话不能使用。在如此稀少的情况下,可使用的电话成了孟加拉权力与权威的象征。为装一部电话,人们常要等上好几年,办公桌上的电话越多,其主人就越被认为是个人物,一部手机则成为极富有的标志。格莱珉电话现在在孟加拉有八十五万个手机注册，其中两万四千个是乡村电话，由村里的电话女士操作。乡村电话占电话总数中很少的一部分，但是乡村电话使用的通话时间占格莱珉电话总通话时间的17%左右。我们现在提供的是世界上最便宜的手机话费，通话高峰时间每分钟9分钱，非高峰时间每分钟6.7分钱。

手机项目受到的一个挑战是缺乏电力。孟加拉的许多村子没有与全国电网相连，为了向那些村子引入手机，我们引入了太阳能。我们创立了"格莱珉能源"，那是一个旨在开发可再生能源的非营利公司。格莱珉能源目前正在对太阳能（太阳能电池）家用系统、电池站、风涡轮机和气化机进行试验。气化机将木头或农业垃圾转化为气，用于发电。

为实现电话网，我们还对互联网进行了试验。提供互联网服务的格莱珉Cybernet，希望为格莱珉贷款者的孩子们创造在国外工作的机会。这些男孩女孩将能够为全世界的公司服务，在自己的村里、家里或社区的办公处做各种各样的工作。通过将互联网设施带到边远乡村地区，可以将许多劳动力密集型企业设在那些本来很荒凉的乡村地区。这些企业包括数据输入服务机构、数据管理企业、全球答复服务机构、打字服务机构、抄录服务机构、秘书服务机构、会计服务机构等。

最终，一个非营利的互联网服务提供商——格莱珉通信——将使孟加拉的教育与研究机构得以用上互联网。这些机构中有许多没有可靠的电话线或是预算，从而用不起互联网的设施。格莱珉通信将提供给这些机构一揽子解决问题的方案。

格莱珉的贷款者们在20世纪末才加入到这个游戏中来，从而没有在早期功效不及但更为昂贵的技术上浪费时间或金钱，就从最新的革新成果中受益。如果使用得当的话，技术可以有助于突破结构上的障碍、距离与文化方面的差异。它可以将边远地区的乡村妇女与相距遥远的亲朋联系在一起，从而引发迅速的社会变革。

对我们野心勃勃的项目颇多嘲讽与批评的人们声称，用在我们的大多数贷款者那石器时代的智力上，高技术会被浪费的。实际上，我们发现完全相反。村民们曾为了与四散的家人进行联络，浪费了许多的时间和钱。以前，在紧急情况下，如果需要告诉生活在达卡的一个兄弟或女儿回家来，他们不得不打发一个送信人跑一趟。那个信使会停止工作或学习，坐上公共汽车、人力车或火车，去找他或她。以这种折磨人的事进行衡量，没有电话的代价显然是相当高的。

我们听到的另一种批评是，乡下的穷人不需要电话这个奢侈品。但是对我们的电话女士来说，电话是一种相当真实、可行的挣收入的方法。此外，通过在购买与销售方面给予格莱珉的贷款者更多的信息与更大的可行性，电话帮助了他们。没有电话，一个需要买原材料的贷款者必须派人送信去问价钱和她的交货期。她可能不得不打发她的送信人到三四个不同的供货商那里去，这可能花几周时间。用一部手提电话，她可以在半小时内下订单，马上就提高了业务的赢利能力。

没有理由去设想，格莱珉的电话女士会使自己局限于出租她的电话。随着技术与能源的发展，她可能成为一个便利的通信中心，向她的同村人提供传真、电子邮件和ATM的服务。今天，我们正在与美国、欧洲的一些高科技公司合作，开发出一种网络电话亭，那将使贷款者们得以掌握一些新的技术，并将这些服务提供给同社区的人们，并获得收益。

有人会认为，有了这么多的扩展与现代化，格莱珉已经解决了孟加拉的许多根本问题。实际情况并非如此。在格莱珉，我们注意到，随着贷款者收入的增加，他们在与营养不良、疾病、婴儿与孕妇的死亡率的斗争及其他健康方面的问题上的花费越来越多。由于公共医疗服务设施的条件很不好，我们的贷款者经常屈服于那一诱惑，将所有新挣的钱都支付给传统的医治者与巫医。

如果我们能说服我们的贷款者，将他们给传统医治者的钱投放到一个有格莱珉资助的保健项目，我们就可以以几乎同等数额的花费，提供给他们现代的、有效的医疗服务。现在，我们正在努力去使格莱珉家庭的所有成员都能得到医疗服务，并且在一个自己筹资、花费报销的基础上使非格莱珉贷款者的所有村民得到医疗服务。我们要求我们的贷款者付一个固定的数额：每个家庭每年付3美元，作为一个健康保险项目的保险费。每次贷款者去看病，必须付一笔微小的数目（不到3分钱），可以以折扣价得到化验服务与药物。格莱珉的保健项目还在村子里实行眼科手术,在那儿,训练有素的医生在提供另一些服务的同时,还为白内障的病人植入晶体。手术费只有1000塔卡,不到20美元。

格莱珉保健项目在其运作的头三年里,回收了提供这些医疗服务费用的大约60%。如果我们能组织起一个全国性的特许经营,就可以使格莱珉的保健转化为一个强有力的、有竞争性的、能持续发展的、为人民的企业。

我们如此强烈地意识到健康问题,原因之一在于它可能毁掉我们甚至最辉煌的成功。1989年莫利·塞弗(Morley Safer)的《六十分钟》节目以吉大港附近的一个贷款人为线索,多亏了格莱珉的贷款,她从一个街头乞丐转而拥有七头牛、一大块地、一所新房子、一个现代化的厕所及为她丈夫买的三轮婴儿出租车,她还确保使她的所有孩子都上了学。莫利称她为"心满意足与人类成功的肖像"。然而,当我在1996年再次见到她和她丈夫时,几乎认不出他们来了。他得了一种从来没有得到适当诊断的胃病,为了付他的医疗费,这对夫妇已经卖掉了他们的出租车、地和牛。她十分虚弱疲惫,不相信自己有能力去新贷一笔款。他们所剩的只有四只小鸡了。

我提到这个例子是为了表明,我们前面有一条多么困难的路。格莱珉并不只是一系列成功的故事,而是一路上不断有烦恼。我们减轻贫困的能力部分取决于我们乐于承认失败,并且努力去确保那些失败不再出现。

　　无须说，小额贷款无法解决社会的所有问题，但是它有助于支持那些不如此便会从裂缝中掉下去的人。例如，在我们的医疗扩展中，我们为这件事极为担忧，即如何确保格莱珉的贷款者为退休建立起积蓄。我们不想要我们的成员变得去依赖他们的孩子、政府、格莱珉，或者是他们不再能经营的业务。在他们的小额贷款业务中苦干了多年之后，我们想要他们安享晚年。我们决定，替代社会保险，向他们提供成功的格莱珉公司、非格莱珉公司及格莱珉共同基金的一些股份。大体上，当诸如格莱珉渔业基金会这样的一个格莱珉公司达到一种赢利水平时，我们就将它部分转为一个营利公司，由格莱珉的贷款者和通过优先认股权得到股份的公众共同拥有。在大多数情况下，股份产生红利，并有价值。为了应付一种突然的危机，贷款者可以为了马上得到现金卖掉一些股份。一个名为格莱珉证券管理公司的新的格莱珉实体处理这些金融转让交易。有趣的是，现在已抽回资金的总部在香港的投资公司 Peregrine 向我们提出与它合并，而不是关闭其在孟加拉的业务。我们不那样做，但我们把那种兴趣解释为一种有力的声明：我们这个投资组织具有很大的潜力。有二百万个家庭构成的基础，他们全部参与小额贷款，并且有兴趣将他们的积蓄作为投资，我们在金融与投资服务领域具有巨大的无法估量的市场。

第十三章

第二代格莱珉银行

自从1976年在乔布拉村起程，格莱珉银行走了很长的路。在这四分之一个世纪里，它面对过许多操作与组织方面的问题，通过成功与失败获得了许多经验。有那些贷款者在我们身边，我们积累了多年的经验。目前，格莱珉银行的贷款者们拥有银行总股本的93%，剩下的7%由孟加拉政府拥有。贷款人总数为260万，其中95%为妇女。

格莱珉银行有1181个分行，在42127个村子里工作，有11777名工作人员。从开始算，格莱珉发出的贷款总额为1747.8亿塔卡（39亿美元）。其中1613.3亿塔卡（36亿美元）已被偿还，回收率达98%。

格莱珉为其自力更生感到特别自豪。它用它自己的基金和其储户的存款补足了那134.5亿塔卡的未清贷款的90%，那些储户中有82%是其自己的贷款者。在未来，格莱珉不需要去祈求新的贷款。1995年，格莱珉决定不再从捐助者那里要求任何资金了。接受的最后一笔分期付的捐助款是在1998年。格莱珉不断增长的储蓄额应该足以偿付其现存的贷款,并从现在起经营并扩张其贷款项目。

在1998年毁灭性的洪水之后,为了向贷款者——其中大多数人失去了他们的财产——发放新的贷款,格莱珉银行向孟加拉中央银行借了10亿塔卡,向商业银行借了20亿塔卡,这些灾后贷款已经完全偿清了。此外,到目前为止,它已经偿清了到期的所有其他贷款。

除去1983年、1991年和1992年以外,格莱珉银行每年都赢利——证明有社会目的的业务能够而且确实奏效。(由于银行1983年开业,当年没有赢利。1991年,一场毁灭性的龙卷风袭击孟加拉之后,对于格莱珉银行的成员们来说,1991年和1992年是大难康复的年头。那场龙卷风夺去了十五万人的生命,造成数以十万计的格莱珉贷款者失去财产与生计,无法按时偿还贷款。)它还每年公布其经过审计的资产负债表,审计者为孟加拉两个具有国际声望的审计行。

格莱珉银行提供三种贷款:产生收入的贷款(利息为20%)、住房贷款(利息为8%)及为格莱珉家庭的子女们提供的高等教育贷款(利息为5%)。所有的利息都是简单的利息,根据负债递减的方式计息。这意味着,如果一个贷款者贷了一笔1000塔卡的款,在一年内通过每周分期付款将整个数目还清的话,她会一共偿还1100塔卡(即1000塔卡的贷款额加100塔卡作为那年的利息)。

格莱珉相信,教育是使人摆脱贫困的主要因素之一。如果目前的贷款者能够使他们的亲人受教育,使他们的子女为了将来的竞争更好地有所准备的话,那将会是多少代人的一种极大的改进。成功地升入高等学府的大学生得到贷款来付学费、生活费和其他花费。到目前为止,已经有四百六十六名大学生得到了高教贷款,他们正在医学院、工程学院与其他专业研究机构里学习。每年,格莱珉成员的子女们都挣得奖学金——优先给予姑娘们与年轻妇女。这鼓励他们在学校得到更好的成绩。每年,不同教育水平的孩子,平均有三千七百人得到这些奖学金。这是在为我们成员的未来投资的一种方式。

*　　*　　*

2001年,格莱珉银行开始了一个规划,将其运作的一揽子方法转化为一个新版的东西,名为格莱珉总体系统(GGS,或为第二代格莱珉银行;我们现在称上一版为格莱珉经典体系,或GCS)。2000年4月,我们坐下来,一部分一部分、一块一块地设计这一新体系,然后马上在几家分行对它进行试验。我们对这一试验做了调整,在更多的分行再次尝试,并对它进行加工。到2001年初,我们已经制定好了一个大家都喜欢的体系。在开发这一产品的每个阶段,一万两千名工作人员都非常积极地参加了设计。

我们对这一体系进行设计与纠错时,深深地为一件事担忧,即我们如何在四万一千个村子里将格莱珉经典体系(GCS)转为GGS,而不使数以十万计的文盲贷款者受惊,把一千一百七十五个分行的账目搞乱。我们对那一转化进行了非常仔细的计划。到2002年4月,在我们开始两年之后,第二代格莱珉银行出现了。格莱珉银行的最后一家分行是在2002年8月7日转为第二代格莱珉银行的。新的第二代格莱珉银行现在是一个真正运作的机构,看上去比头一版的那个机构运转得更好。

支持GGS的中心设想与支持格莱珉经典体系(GCS)的那个设想相同——坚定地相信穷人总会偿还他们的贷款。在某些情况下,他们拖延了预先规定的偿还期,但是他们会偿还的。一个致力于为穷人服务的贷款机构,不应该由于贷款者没能遵守一个严格的日程安排的细节就忧心忡忡。穷人可能会有一些他根本无法控制的不测。由于那个贷款者正在为她的拖延偿付额外的利息,在机构这方面不应该有什么问题。小额贷款项目不应落入现行银行的那些逻辑陷阱,把它们的贷款者看作某种定时炸弹,正在滴滴答答地耗时间,等着在预定的日期制造大麻烦。

我们想用GGS为我们的贷款者简化生活。GGS是围绕着一个最主要的贷款产品——基本贷款——而建立的。基本贷款有退出的选择权。它向任何需要它的贷款者提供一个可替代的路线,而不使她由于没能达到基本贷款的全部要求而感到内疚。这个可替代的路线是通过一项弹性贷款而提供的。

弹性贷款就是一项重订日程的基本贷款,有它自己的一套规矩。我把基本贷款描述为"格莱珉小额贷款高速公路"。只要那个贷款者遵守日程安排,她就会不受打扰地前进,轻松舒适地行进在小额贷款的高速公路上。她可以根据高速公路的规章加速,如果驾驶得好,可以换越来越高的档位。换言之,在格莱珉高速公路上,在每一个贷款周期内,贷款者可以按惯例提升她的贷款规模。这是根据实现预定的规章而做的。她事先就知道贷款的规模会大多少,可以据此计划她的活动。但是,如果一个贷款者面临发动机的问题(生意衰退或失败、疾病、家庭问题、意外事故、被窃、自然灾害等)而无法保持速度的话,她就必须从高速公路上退出,乘一辆出租车。这条迂回路被称为一笔"弹性贷款",使她得以在一种更适合她状况的慢一些的速度上行进。她可以通过延长贷款期,把分期付款的数额减少到她付得起的程度。然而,走一条迂回路根本不意味着她改变了旅程的目的地。她迫在眉睫的目标是克服困难,走尽可能少的弯路。一个贷款者可能运气很好,很快就成功地回到高速公路(即基本贷款)上,也可能被一些困难缠身,她能做到的最多也就是从一条迂回路到下一个迂回路上去(即从一笔弹性贷款转向下一笔弹性贷款,制定出一个比前一个还贷日程更容易一些的日程来),没能很快重回高速公路。在这新的体系下,这种弹性是贷款者有资格得到的东西,为一笔贷款重新制定偿还期而不被看作一件违规的事,也不为人所不赞同。这使贷款者能够很有尊严地去处理她在还贷时可能面对的任何问题。

使一个贷款者不愿去走那条弹性贷款的迂回路的很重要因素是,一旦她退出基本贷款的高速公路,她的贷款天花板(即她能贷款的最大数额)就被抹掉了。在走完她的迂回路,重新进入高速公路时,她的贷款天花板不得不被重建。这将是她进入水平的贷款天花板与走迂回路之前享有的贷款天花板之间的某处。

在GGS中,有许多令人激动的特色,但是我认为,允许这个体系成为弹性的,和为穷苦的贷款者们永久性地树立完全的尊严,是其中两个最重要的特色。现在,小额贷款体系中的双方,贷出者与贷款者,都能享用小额贷款,而不是偶尔为对方制造噩梦了。

* * *

GGS还创立了能向穷苦的贷款者提供的量身定做的贷款的一套方法。GGS允许任何期限的贷款,诸如三个月、六个月、九个月,或多少个月、多少年。GGS允许一个工作人员有创造力。他可以设计其贷款产品,使它在期限、时间安排、分期付款的日程安排等方面对于客户最为合适。一个工作人员越成为一个有创造力的艺术家,他就能指挥更好的乐曲。格莱珉可以在其工作人员中辨明创造力的水平,而GGS给它的工作人员得以成长的空间。

* * *

GGS要求所有贷款超过8000塔卡(138美元)的贷款人每月最少在一个养老金储户上存50塔卡(0.86美元)。十年后,一个贷款者将得到一个有保证的数目,那几乎比她在那一百二十个月里存的钱多了一倍。这已经变成了GGS最吸引贷款者的特色之一，许多人每月存50塔卡以上。由于这在贷款者中已经变成了很流行的事，它正在为银行产生一笔可观的现金流入。现在，每个月都有超过1亿塔卡（175万美元）存入养老金储蓄账户上。格莱珉银行现在可以放心了：它自己会有足够的钱扩张它未来的借贷活动了。出于同样的原因，各分行现在将有足够的钱，用它们自己的储蓄区开展它们的贷款项目了。格莱珉的所有分行都可以指望去变得在经济上自足。随着这个机构向经济上的自力更生前进，随着老年将至，那些贷款者也在经济上自力更生。退休时，他们可以从养老基金积累起来的储蓄中得到每月的收入。对于一个贫苦的妇女来说，这是一个令人很宽慰的消息。

* * *

GGS强调从贷款者与非贷款者那里得到存款。这个体系中包含各种各样的储蓄产品，今天，贷款者的存款总额占格莱珉银行的未付贷款总额的70%。而且，这是在格莱珉银行已经向中央银行、当地的一些商业银行和外国贷出人偿付了33亿塔卡（6000万美元）贷款之后，在过去两年中，那些贷款都到期了。

* * *

孟加拉的贷款者们总是发愁，如果他们死去的话，他们的债怎么办。他们的亲人会继续偿付吗？他们相信，如果死后债还不清的话，灵魂就无法安息。GGS中包括一个贷款保险项目，这使他们非常高兴。这个保险项目极为简单，在每年的最后一天，都要求贷款者在一个贷款保险储蓄账户上存一小笔钱。它是根据到那一天该贷款人未偿付的贷款与利息计算出来的，她存入那个未偿付数额的2.5%。如果一个贷款者在第二年的任何时间死去，她的整个未偿还数额就由那个保险基金来付。这笔钱由贷款保险储蓄账户的利息收入来提供。此外，她的亲人们得到她在那个贷款保险储蓄账户中存入的数额。贷款者们发现，这真是慷慨得令人难以相信，所有的人都喜爱它。

现在，贷款保险储蓄的存款总额达到32155万塔卡（555万美元）。自从第二代格莱珉银行2001年引入这个保险项目，已经有4215个贷款人死去，根据这个计划，待付的总数为2599万塔卡的贷款与利息由银行偿付。每一年，格莱珉银行的死去的贷款者的家属都从贷款保险储蓄中得到总额为800万—1000万塔卡的钱。每个家庭最多得到2000塔卡。自从1983年，一共有61653个格莱珉贷款人去世。他们的亲人一共收到了12486万塔卡（304万美元）。贷款者们无须为这一保险付任何保险费，只是通过成为银行的一个股东，贷款者就收到这项保险偿付。

*　　*　　*

在引入GGS以后，我见到格莱珉的全体工作人员充满了从未有过的热情与精力，他们都为创立第二代格莱珉的理想深深地吸引，干劲真是高到极点。每次有人和工作人员谈话时，他们的样子都仿佛为格莱珉工作是他们生活中最大的乐趣一样。你真是无法阻止他们。

创立五星分行的确是抓住了他们的想象力。对于百分之百地完成一项特殊任务的分行，格莱珉银行提供用色彩做标识的星星。五星表示一个分行完成得最好。2002年末，各分行展示出如下的成果：

- 在总数为1178个分行中，有696个由于保持了百分之百的还贷记录得到绿星。
- 437个分行由于赢利得到了蓝星。（各分行从格莱珉的总行借款偿付利息，格莱珉从中产生的年收入使它整体上赢利。）
- 213个分行由于用存款盈余偿付它们的未偿清贷款挣得了紫星。这些分行不仅用自己的资金完成它们的业务，还将它们的盈余贡献出去，弥补那些亏损的分行在资金方面的需要。
- 由于确保它们的格莱珉家庭的子女百分之百受到了教育，61个分行申请棕褐色星。在进行核实竞争之后，将对它们的星星予以确认。
- 21个分行申请红星，表明已经使它们的贷款者家庭全都脱离贫困线。只有在核实程序完成之后，红星才会得到确认。
- 772个分行（所有分行中的三分之二）一共得到了1346颗星，平均每个分行得到1.74颗星。

每个月份，都有一些分行离得到新星走得更近。格莱珉的全体工作人员期望将格莱珉的全体分行都转变为五星分行。每一名工作人员都可以挣星，即便那家分行还一颗星也没挣到，那名工作人员只要在为中心完成他所负责的工作中，符合相同的条件即可。

格莱珉的工作人员在正式场合自豪地展示他们挣来的星，这已经在各处激发起了蓬勃的干劲。他们并不是为了人和金钱上的好处而那样做，而是在以竞争精神那样做——为了走在与他们同等地位的人前面；为了为他们的分行、地区或地带创立一项纪录；为了在改变他们为之工作的穷苦家庭的经济与社会生活条件中贡献个人的一份力量；还有，最重要的是，向自己证明自身的价值。注视着这种壮观的景象，使人忍不住感到惊奇，一种可能使人绝望、无所事事的环境，一经改变条件，同一些人就可以转变为无与伦比的演员。

第二代格莱珉银行以非常简单的术语界定了小额贷款。它提供了一套强有力的方法，来完成其使命。未来的年头会展示出，它在孟加拉与全球的穷人生活中产生什么样的影响力。事实已经证明了，对于格莱珉的工作人员和贷款者来说，它是一种奇妙的令人激动的经历。它已经将我们的工作提到一种追求效率的新水平。

第十四章

未　来

　　我们经常提到"下一个世纪"，就仿佛在谈到下一个二十四个小时那样。但是下一个世纪意味着下一个一百年——而且我们已经上路了。我不认为任何人会拥有那样的知识或智慧，去预见在下一个一百年发生在这个世界与其居民身上的事情。这个世界正在以如此不可预见的一些方式变化着，而且，随着我们走完这个世纪，它会继续变得越发无法预见。我们能够肯定的，只是变化的速度会越来越快——它绝不可能慢下来。直到20世纪末，所有知识、发现与发明加在一起，只在今后五十年中就可能增长几倍。那就是我们正在走近的那种让人无法相信的变化的速度。

　　如果一百年前我们能以某种方法来到今天的世界，我们肯定会以为自己是来自某个史前年代的访客。如果我们试图去想象这个世界在二十五年后是什么样子的话，我们就不得不去创作科幻小说了。

变化的势头显然已经就位了。对于了解未知世界的那种不知满足的追求，企业使知识服务于客户的渴望，还有国家之间的军备竞赛，都有助于创立这一势头。真正的问题在于，这些变化会使人类向理想的社会与经济的条件离得更近，还是更远。

那个答案是显而易见的。如果我们把自己看作"地球太空飞船"上的乘客的话，我们会发现，自己正在进行一次没有领航员的旅程，也没有可以明辨的路线去走。如果我们可以使自己相信，我们实际上就是这个飞船上的乘务人员，而且我们必须到达一个特殊的社会经济的目的地的话，那么我们就要继续向那个目的地行进——即便我们犯一些错误，或是走一些弯路。

我们需要了解那个目的地——如果不是很精确地了解，那么至少要大致地了解。在我们真正地把某种东西转化为现实之前，我们必须能梦想它。任何社会经济方面的梦想只是规划我们到目的地的路程中的第一步。如果我们在辨明目的地这方面做得很好的话，就会发生更多的革新与变化，来帮助我们达到它。

所以，那个实实在在的问题，并不是在2050年，我们将在什么地方，而是我们想让这个世界在2050年是什么样子。

到那时候，我想看到一个摆脱了贫困的世界。这意味着，在这个星球上，不会有一个人可以被描绘为穷人，或是无法满足他或她的基本需求。到那时，"贫困"这个词将不再有实用性了，它将只是在提到过去时为人所理解。

贫困不属于文明化的人类社会，它适于待在博物馆里。它将会在那儿的。当小学生和他们的教师一起去参观贫困博物馆时，看到人类的悲惨与毫无尊严，他们会感到惊骇，他会责怪他们的祖先，竟然容许这种非人的状况，竟然允许它在如此大面积的人口中持续下去，直到21世纪初。

　　我一直相信，从这个世界上消除贫困是一件事关意愿的事。甚至今天，我们并没有认真地重视贫困问题，因为有权势的人仍然不大为它所触动。大多数人嘴里说着，如果穷人工作努力一些，他们就不会受穷了，以使自己远离这个问题。

　　在我们想帮助穷人的时候，我们通常向他们提供慈善援助。最经常的情况是，我们利用慈善来回避对这个问题的认识与为它找到一个解决办法。慈善变成了摆脱我们的责任的一种方法。但慈善并不是解决贫困问题的方法，只是首先通过采取远离穷人的行动而使贫困长存。慈善使我们得以继续过我们自己的生活，而不为穷人的生活担忧。慈善平息我们良知的不安。

　　真正的问题是为所有人创立一个平等的竞技场——富国与穷国，有权势的企业和小企业——给每个人一个公平的机会。随着全球化继续对我们社会经济方面的现实进行侵蚀，这个平等的竞技场的创立可能变得会遭受严重的危害，除非我们创始一场全球性的辩论，对全球化的"正确的"框架所具有的诸般特色取得一致意见，而不是拥有一个没有起作用的框架，对某件极为错误的事听之任之。这个框架无疑将有许多特色，但是我们可以把以下内容牢记在心："最强者拥有一切"的规则必须为一个确保每一个参与者有地位、有所得的规则所替代。"自由贸易"必须对于最弱小者意味着自由。在全球化的过程中，穷人必须成为积极的参与者，而非被动的受害者。全球化必须促进大的经济与小的经济之间的协调与合作，而不是变成一种交通工具，使富有的经济可以全无障碍地进行接管。全球化必须保证人们可以最方便地跨越国境。每一个国家，特别是贫困地区，必须做出认真的不断的努力，让穷人得到信息技术，以使他们最大限度地利用全球化。必须支持和鼓励社会活动家介入到全球化的进程中来，使其对于穷人更加友善。应该给予他们一些特权，使他们能够扩大规模，发展壮大。

为了确保机会的均等，人类社会已经在许多方面进行了尝试，但是贫困依然存在。我们指望这个国家照顾穷人，结果是有一些巨大的官僚机构来照顾穷人。纳税人的一大笔钱被用来为这些官僚机构掌管的那些项目提供资金。但是，无论政府的项目取得了什么成就，它们肯定是没有创立机会的均等。极为常见的情况是，贫困代代相传。

在这新千年刚刚开始的日子里，向2000年6月在联合国出席千禧高峰会议的世界领袖们订立的千年发展目标大踏步迈进，会对我们很有好处。这些目标中最大胆的那个，是一个完全可以达到的目标：到2015年，使贫困减半。从我对穷人做工作的亲身体验中，我完全确信，如果我们把给别人的相同或相似的机会给予穷人的话，他们是能够使自己摆脱贫困的。穷人本身能够创造一个没有贫困的世界，我们必须去做的只是解开我们加在他们身上的枷锁。

为了减轻并且最终完全消除贫困，我们必须回到那个计划阶段，概念、机构和分析的架构——产生贫困的条件——否则无法终止贫困。如果我们能够在架构的条件上聪明地下功夫，那么贫困就会一去不返了。我们必须拓宽我们有关就业的概念，确保甚至最穷的人都得到金融方面的服务，并且把每一个人都看作一个有企业家潜力的人。

变革是大量努力的产物。努力的密度取决于人们对于变革感到的需要程度，与被动员来造成期望的变革的那些资源。显然，在一个基于贪婪的经济中，变革将由贪婪所驱动。这些变革从社会的角度说可能不总是为人们所期望。从贪婪的立场出发，为人们期望的社会变革可能并没有吸引力。

这就是需要有社会良知的组织的原因所在，而国家与民间社会应该向他们提供经济与其他方面的资源。这样的组织将会不断地将它们的关注、研究与开发的金钱、技术，投入那些革新、改造与开发的领域，它们将为达到有益的社会目标提供便利。它们还会监督为贪婪驱动的技术开发，确保这样的技术不会使社会向人们所不期望的方向发展。

我相信，鼓励社会活动家是前进的最好方法之一。一个为社会目标驱使的活动家，即一个社会活动家，其行为方式如下：

- 他（或她）在市场上与所有其他人进行竞争，但他是为一套社会目标所激励的，这是从业的根本原因。
- 他可能个人也赢利，这笔个人的赢利可能从零到一个很大的数额不等，甚至比他那为个人赢利所驱使的竞争者赢利的数额还要大。但是，对他来说，个人的赢利是次要的，并非首先要考虑的事。另一方面，一个为个人赢利所驱使的企业家可能在达到一些社会目标方面有所贡献，但这是他业务的一个副产品，或说是一件其次要考虑的事，这将不会使他成为一个社会活动家。
- 投资所具有的社会影响力越大，市场给那个社会活动家评的等级分就越高。在这儿，这个"市场"将由一些有投资潜力的人构成，他们正在寻找一些机会，将自己的钱投资在一些由社会目标驱动的企业之上。社会投资的金钱将从对社会影响不大的企业转而投入具有特别的、看得见的影响的企业之上，从传统的社会企业转而投入到更有革新性、更有效率的企业之上。

为社会目标所驱使的投资人将需要一个独立的（即社会的）股票市场，还有独立的分级机关、金融机构、共同基金、投机资本等。那些为赢利所驱使的企业所拥有的几乎一切，在为社会目标所驱使的企业都需要——诸如审计行,与影响力评估的整套方法、规章框架、标准化等——只是在不同的情况下,有不同的整套方法。

由于经济学的正统观念打造现存社会的那种方式,所有投资都被禁锢在唯一的投资范畴:为了获得个人赢利进行的投资。因为人们别无选择,这件事发生了。只有一种竞争:为了积累更多的个人财富而竞争。一旦我们打开通过投资产生社会影响力的那扇门,投资者也会通过这扇门来投资。一开始,一些投资者会把他们投资款的区区一部分,也许是一小部分,转投到社会企业上来。但是,如果社会活动家们显示出具体的影响力,随后这股流水就会变得越来越大。很快,一种新型的投资人就会出现在舞台上了——那些将把其全部或近乎全部的投资款项投到社会性的投资中去的人。

现存的一些为赢利所驱使的企业家可能开始显露出他们的活动能力的另一个方面。他们可能成功地在两个世界中运作:在一个世界作为常规的逐利者,在另一个世界作为虔诚的社会活动家。

如果社会型企业能够展示出很大的影响力和创造性的企业规划,那一天可能来临,即为个人赢利所驱动的企业发现自己要保护在市场上的份额,承受着很大的压力。为了不被挤出去,它们将被迫模仿社会性企业的语言与作风。

如果为社会目标驱使的人们能够致力于政治活动,在他们的社区、国家和世界造成变革的话,我觉得,一些为社会目标驱使的人没有理由不致力于建立并运作为社会目标所驱使的企业。到目前为止他们还没有这样做,因为那个机会与支持性的框架都不存在。我们必须改变这一状况。

通过为社会活动家与企业家中的社会投资家扩展空间,可以创造一个全新的世界。这对我们所有人来说都是一个非常重要的日程。如果社会活动家能够接受终止贫困的挑战,如果社会投资家能够利用他们的钱来支持社会活动家的工作的话,消除贫困会变得容易许多。

正如最近的发展所显示出来的,有一种特别的技术,在不久的将来会比人类社会任何其他技术更迅速,更能从根本上改变这个世界。这可能被广泛地描述为信息与通信技术,它扩展的速度已然是惊人的。

以互联网为例,它正在以几何级数的速度扩展,每年互联网在全世界的应用都在加倍增长。这种信息与通信技术的扩展最吸引人的方面在于,它是任何人所无法控制的,无论是政府、大企业,还是任何权威机构的任何人,都无法限制通过互联网的信息流。而且它的费用正在一天比一天便宜。

信息与通信技术使我们有理由去希望,我们正在走进一个没有权势经纪人和知识经纪人的世界,个人将会主宰事务,在中心舞台上将不会有遮蔽着的权威。对于所有劣势群体、没有发言权的群体和少数人群体来说,这是特别令人激动的。任何基于垄断信息而获得权势的实体将会瓦解,每一个普通市民接触到的信息将几乎同国家首脑一样多。领导层将不得不以远见与完整性为基础,而不是以操纵信息为基础。

我想看到这个信息与通信技术带着世界往哪个方向走?我想看到所有的人(包括最穷的人、最无知的人、最无权势的人)在任何时候,无论距离多远,都几乎能免费地得到所有信息。在这个世界上,任何地方的任何两个人之间的交流,应该如同你和最好的朋友一起坐在公园的长凳上交谈那样容易。所有学术与社会的研究机构都应被转化为传播信息的节点。

信息的通道赋予人力量:格莱珉电话公司把可以上互联网的手机带给了格莱珉的贷款者,并使她们成为村里的"电话女士"。到2003年3月,有两万五千多个电话女士在孟加拉的一半村庄里销售电话服务。这些电话中有许多是用太阳能的,因为那些村里没有电。如果我们能为这些妇女设计出适当的服务机构的话,她们很快就能变成"互联网女士"了。那种技术已经掌握在了她们手中:边远村庄中的家庭能够和在世界上遥远地方的亲戚们交流、做生意,并且过上掌握更多信息的生活。在向穷人扩展电信服务的同时,作为一个企业,格莱珉电话公司也经营有道,在其五年的经营中,它扩展了服务业务,成了南亚最大的移动电话公司。

在每一步,未来的信息与通信技术都应该致力于创立一种全球性的环境,释放每一个人的创造性和生产力。任何地方的任何人都应该能够基于其兴趣与能力，上任何学府深造，无论他或她出于何等社会地位、地理位置或有何等经济能力。

一个学府的整体概念也应与现在的大不相同。在这样一种环境中，得知一个非常有名的大学中那个最有创造力的学生来自中国，或埃塞俄比亚，或孟加拉边远村庄的一个贫苦家庭，而且他或她从没进过城，是不会让人感到惊奇的。

我想看到的另一个"通道"是进入市场的通道，我想看到进入世界市场的所有障碍与防护都消失。保护主义是以穷人的名义在每一个国家建立起来的，但是其真正的受惠者是富人和知道如何操纵这一体制的聪明人，相比之下，处于一个开放得更大的市场，比处于一个受到保护的更小市场，穷人有更好的机会。每一个人都会从商品、资金与人员的自由流动中获益。

在我们的许多国家的国境周围建起高墙，是说不通的。护照与签证是20世纪出现的，在那以前并不真正存在。让我们把它们和发明它们的那个世纪一起留在身后吧。让我们以人类的身份自豪吧。让我们挥动我们的国旗，庆祝我们所在地区、国家、种族、宗教、政治与文化方面的身份，但不是要激怒别人，不是要表明自己高于别人吧。相反，我们应该通过不同的文化、宗教与其他差异之间的友好竞争，使人类发扬光大、团结、有力、壮大。

无须说，技术与经济方面的需要使我们更为接近这个无国界、零距离的世界，让我们鼓掌欢迎它吧。

欧洲现在正领头在众多国家中创立一个自由开放的市场，由一些国家组成的其他一些地区性的联盟与组织可以效仿欧洲的首创。随后我们可以从地区性发展到地区之间，最后发展到从世界上的任何一个地点到另一个地点的人力、金融、商品与服务方面的自由的全球运动。在新的经济与技术的现实环境下，国家政府的概念要被很大程度地重新界定，没有国家的权威机构在其中干涉，超越政治方面的界限去寻求朋友与合作伙伴，会是很自然的一步了。

我的密友，RESULTS的副总经理萨姆·戴利-哈里斯，对于为小笔的钱去游说美国国会感到厌倦了。他可以看到，尽管他在减轻贫困方面做了了不起的工作，但需要某件具有戏剧性的东西。萨姆曾目睹联合国儿童基金（UNICEF）的董事总经理吉姆·格兰特（Jim Grant）和他的1990年儿童高峰会取得了惊人的成功，当时，世界上的领导人来到纽约，签署了一些颇有抱负的目标，于是萨姆开始考虑召开一个盛会，一个小额贷款高峰会的想法。他为这个高峰会寻找一个合情合理但是很有抱负的目标，与国际社会援助基金会（FINCA）的约翰·哈奇（John Hatch）一起，道出了他的新理想：在十年之内，使小额贷款到达两亿个最穷的家庭——这个世界上穷人的全部人口——的手中。

我并不认为萨姆的目标是可行的，要想让人认真对待，我们需要一个更为切实可行的目标。我提议，我们的目标是，在未来十年里（当时是1995—2005年）接触一亿个最贫困家庭。萨姆同意将我修改过的数字作为我们的正式目标，提议组织一个世界高峰会。

事实证明，起草我们的声明时颇多争议。每一个人都想重写那项声明，于是我很失望地看到了，这些为高峰会所做的准备如何开启了各种各样的组织之间的冲突——它们都努力想达到一个目标：减轻贫困。萨姆变得越来越恼火了。我努力想让他振作起来，我说，我们不得不去迎头面对在学术方面、机构方面和哲学思想方面不同的东西。我从安全的达卡说这样的话很容易，但萨姆是每一个人发泄怒气的焦点。

为高峰会的准备活动忙碌不停，大量的支持使我们十分激动。在1997年2月2日至2月4日举行的小额贷款高峰会，肯定是成功地动员起了全世界来采取行动。来自一百三十七个国家的大约三千人聚集在华盛顿特区。高峰会的三个并列主席，第一夫人希拉里·罗德海姆·克林顿、西班牙的索菲亚皇后（Queen Sofia）和日本前首相羽田孜（Tsutomu Hata），都做了激情有力的发言。希拉里·克林顿欢呼：那个高峰会是"我们在我们的世界上所能有的最重要的聚会之一"。她继续解释说：

> 它（小额贷款）不仅关涉给予个人经济方面的机会，而且它与社会相关，它与责任相关，它与我们在当今社会上的全部都彼此相联。人们认识到，在我们的国家，在丹

佛或华盛顿的接受福利救助者们的命运，是和我们所有人不可分割地连在一起的。人们理解，使印度或孟加拉的人们摆脱贫困如何能反过来对整个社会有好处，为了民主的生存与成长创立肥沃的土地，因为人们对未来怀有希望。

孟加拉总理哈西娜是高峰会的全体工作会议的主席。和她一起坐在主席台上的，有马里总统阿尔法·乌马尔·科纳雷（Alpha Oumar Konare）、乌干达总统Y. K. 穆塞韦尼（Y. K. Museveni）、莫桑比克总理P. M. 莫昆比（P. M. Mocumbi）、秘鲁总统阿尔韦托·藤森（Alberto Fujimori）、西班牙的索菲亚皇后、马来西亚第一夫人西蒂·哈斯马哈（Siti Hasmah）和我本人。那是一个具有历史意义的大事件的令人激动万分的开始。

高峰会组织了一些专题会议：实施者会议、捐助机构会议、社团会议、宗教机构会议、联合国机构会议、国际金融机构会议、倡导者会议、非政府组织会议与议员会议。

那的确是一个小额贷款的鼎盛之会。在那三天里，整个世界会聚到一起，讨论解决贫困问题的办法。通过倾听其他领导人与倡导人的发言，通过会见这么多同事、朋友和支持者，产生的能量就使我们热泪盈眶。对我们大家都显而易见的是，在接下来的九年中，我们能够保持同样的兴趣，不仅完成高峰会订立的目标，而且能超额完成。

美国的财长罗伯特·鲁宾（Robert Rubin）、世界银行行长吉姆·沃尔夫索恩（Jim Wolfensohn）、联合国开发规划主任格斯·斯佩恩（Gus Speth）、UNICEF的副会长卡罗尔·贝拉米（Carol Bellamy）、联合国人口活动基金会（UNFPA）副会长纳菲斯·萨迪克博士（Dr. Nafis Sadik）、UNESCO的秘书长费德里克·梅厄（Federico Mayor）、国际开发署署长于盖特·拉贝尔（Huguette Labelle）、USAID主任布里安·阿特伍德（Brian Atwood）和IFAP总裁法奇·阿尔－苏尔坦（Fawzi al-Sultan），都在全体会议上作了令人鼓舞的发言。每一个人都声明，他或她毫无妥协（保留）地致力于通过小额贷款减轻和消除贫困。

倡导者会议的主席之一，已经过世的贝拉·阿布坦格（Bella Abzug）的发言，使那些代表团成员站立起来，她说道："绝不要，绝不要，绝不要低估我们今天在这儿所做的事情的重要的历史意义。而且无论这一穿越有多么陡峭，无论这一速度多么让人灰心，我都要求你们，决不要妥协，决不要放弃。"代表团成员发出雷鸣般的掌声，非常清楚地表明了他们的态度。

轮到我在高峰会的全体工作会议发言时，我发现，我不知不觉地想起了乔布拉和我的第一批贷款人——那些长大成人时都认为自己微不足道、一钱不值，而突然变成了这个高峰会上的英雄人物。是那些人，以简朴的、有尊严的生活，使我从一个有鸟瞰视点的、在教室里教授优雅理论的经济学家发生了极大的改变，变成一个有昆虫视点的实践者，帮助人们将真正的持久的变化引入到他们的生活之中。我感觉到,在这儿,在华盛顿特区这个饭店的舞厅里,我们有足够的政治领袖,来使许多事真正在全球的水平上得到改变。最终我们可以触及世界上那成百上千万的穷人,他们正在等待我们的帮助,以变得自力更生。

我站起身,作了如下的发言:

当我们聚集在此,我问自己:"小额贷款高峰会是关于什么的?它难道只是华盛顿的又一个盛会吗?"对于我来说,这个高峰会是一个重大的庆祝。我们在庆祝贷款不用抵押品。这个高峰会宣布了一个长久的金融隔离时代的终结。这个高峰会宣告,贷款不止是生意,如同食物一样,贷款是一种人权。

这个高峰会有关建立起舞台,来为人类的创造力、为穷人的潜力松绑。这个高峰会是保证每一个穷人有机会去承担责任,并恢复他或她自己作为人的尊严。

这个高峰会是要庆祝数以百万坚定的妇女们的成功,通过小额贷款,她们使生活从极端的贫困中转化为有尊严的自力更生。

这个高峰会并不是一个集资大会。我重复说:这个高峰会通过将我们在过去一些年里创立的所有好消息汇集在一起,来激励全世界。这个高峰会将会建立起意愿,建立起能量,在世界上终止贫困。

仅仅一百年以前,人们仍然在努力想找到一种飞行的方法。许多人怀疑他们,把他们看作疯子,但是在1903年,怀特兄弟驾驶他们的第一架飞机飞行。它只在空中待了12秒钟。只行进了120英尺。在那一刻,一颗新世界的种子被栽种了下来。只有六十五年之后,人们满怀信心地到月球去旅行,采集月球上的岩石,并回到地球上。通过电视,全世界无时无刻不注视着那每一举动。

在小额贷款领域,我们不过是在怀特兄弟的飞机里测试我们的翅膀。我们在这儿飞120英尺,在那儿飞500英尺。有人发现我们的飞机不安全,有人发现它笨拙,有些人发现它做那个工作不合适。我们可以向你们保证,我们会准备好我们的助推火箭的。

我们相信,贫困是不属于一个文明化的人类社会的,它属于博物馆。这个高峰会是要创立一个进程,它将把贫困送入博物馆。

在怀特兄弟那12秒的飞行之后只过了六十五年,人类就登上了月球。在这个高峰会举行六十五年之后,我们也一定会登上我们的月球。我们一定会创造一个没有贫困的世界。

以我在这个房间里所感到的这种能量,我比以往任何时候都更为充满信心。我们一定会成功的。女士们,先生们，咱们来做到那一点吧！谢谢！

我结束发言时，看着那些听众。我知道人们在鼓掌，但我没有听见。我当时在努力想象一个没有贫困的世界。任何人能够真正构想出这样一个世界吗？它会是什么样？它会真正奏效吗？

*　　*　　*

1997年的小额贷款高峰会议订立了那个目标：使世界上最穷的一亿个家庭能得到小额贷款与其他的金融服务，最好是到2005年通过那些家庭中的妇女来实现。在小额贷款高峰会在2002年11月于纽约城举行第五次会议期间，我们重温了在过去五年中为了达到那个目标所取得的进步。由小额贷款高峰会运动所编集的数据表明，到2001年底，全世界有五千四百多万个家庭从小额贷款中受益。在这个数字中，两千六百八十万是最穷的，或说是那些每天靠不到1美元生活的人。从1997年算，这是一个很感人的进步，当时我们能数出的受到帮助的最贫困家庭只有七百六十万个。

我猜想，到2002年末我们的小额贷款将至少达到三千五百万个最贫困家庭。如果结果发现这接近那个实际数字的话，就会是一个意义重大的进步。这会意味着，到2001年，我们已经走完了这段路的四分之一，到2002年，走完了三分之一，而且很可能，到2003年，我们会走完一半，或说达到五千万个家庭。一旦我们走完一半路，我们在心理与组织结构方面就有更好的装备,去完成那漫长路程剩下的一半了。如果奏效的话,它将意味着,我们有很好的机会,到2005年,使它达到一亿个家庭,或说相当接近这个数字。

* * *

对于我来说,一个没有贫困的世界意味着一个在其中每一个人都能解决他或她的基本生活需要的世界。在这样一个世界里,没有人会饿死或营养不良。这是世界各国的领导人几十年来一直在呼吁的一个目标,但是他们从来没有采取任何方法去达到它。

每天,这个世界上有大约三万五千个儿童死于与饥饿有关的疾病。在一个没有贫困的世界,没有儿童会由于这样的原因而死去。所有的人都能受教育,得到保健服务,因为他们能够负担得起。所有向穷人提供免费或补贴服务的国有组织都可能不需要了。不需要福利机构、施舍、粥棚、食品站、免费学校、免费医疗,在大街上不会有乞讨了。国有的收容项目没有理由存在了。当然,一个没有贫困的世界中的社会结构,会完全不同于今天存在的结构。但是没有人会依靠任何人的怜悯过活,这是使一个没有贫困的世界完全不同于一个充斥着贫困的世界之处。

最后,一个没有贫困的世界会比今天的世界在经济上强有力得多,也稳定得多。

这个世界上那20%目前正过着一种极为贫困生活的居民,

会变成挣收入、花收入的人。他们会引起市场中的额外需求，引起世界经济的激增。他们会将他们的创造力与革新带到市场中，增加这个世界的生产能力。而由于人们会在一种暂时的有限的基础上变穷，经济可能不会经历极端的摇摆。我们会避免繁荣到崩溃的周期，能够更为容易地克服人为的灾难。

但是，甚至是在一个所有人都挣足够照料自己与亲人们的收入、没有贫困的世界里，由于突然出现的灾难或无法预见到的不幸、破产、业务的走下坡趋势、疾病或其他灾难，仍然会有暂时贫困的状况。

一个没有贫困的世界可能会看到群体的人们或整个地区由于某种共同遭受的灾难，诸如洪水、火灾、龙卷风、骚乱或地震，而遭到蹂躏。但是，通过保险和其他自费的项目——当然，是在社会良知所驱使的企业的帮助之下——这样暂时的问题是能够由市场机制加以解决的。

在处于社会底层的人们和那些收入最高的人之间，总会有生活方式的一些不同之处。但是那些不同之处将只是存在于中产阶级与奢侈阶级之间，而不是目前体制的第三和第四阶级。

我们真的能创造一个没有贫困的世界吗？一个没有三等或四等公民，一个没有饥饿、文盲、赤脚、贱民的世界？是的，我们能，就如同我们能创立主权国家，能创立民主的政治制度，能创立自由市场经济那样。一个没有贫困的世界或许不是完美的，但它会是最接近于理想的。

我们已经创立了一个没有奴隶制的世界、一个没有天花的世界、一个没有种族隔离的世界，创立一个没有贫困的世界会比所有这些成就更为伟大。同时，我们还在巩固这些成就，这会是一个我们大家都能为生活其中感到自豪的世界。

附录一

格莱珉简况

1. 为穷人所拥有

1976年,格莱珉银行项目在孟加拉的乔布拉村诞生,并于1983年正式转变为一家银行。为了银行的成立,特别通过了一项法律,贫穷的借贷者们——其中绝大多数为妇女——拥有这家银行,银行只为这些穷人服务。如今,格莱珉的贷款者拥有银行94%的股权,另外6%为政府所拥有。

2. 无担保抵押物、法律文件、团体担保或连带责任

格莱珉银行的小额贷款不要求任何担保抵押物。格莱珉不打算将任何未能还款的贷款者送上法庭,也不要求贷款者签署任何法律文件。

尽管每个贷款者都必须属于一个五人小组,但小组并不需要为其成员的贷款提供任何担保。偿还贷款是每一名贷款者个人的责任,而小组与中心要以负责任的方式关注每个人的行为,以确保不会有任何人发生偿付贷款的问题。没有任何连带责任,即组员不承担为其他有拖欠行为的组员偿付的责任。

3. 96%为妇女

贷款者总数为380万，其中96%是妇女。

4. 分行

格莱珉银行现有1277个分行，遍布46620个村庄，员工总数为12546。

5. 贷款偿付数额超过2080亿塔卡（40.46亿美元）

自格莱珉银行成立，累计发放贷款额为2079.6亿塔卡（44.6亿美元）。其中，1895.7亿塔卡（40.2亿美元）已得到清偿。目前待清偿贷款数额为183.9亿塔卡（3.08亿美元）。在过去十二个月里（2003年9月至2004年8月），格莱珉收到的还贷额为239.7亿塔卡（40137万美元），月均还款额为20亿塔卡（3345万美元）。

2004年预计可收回260亿塔卡（4.45亿美元）的还款，即月均21.7亿塔卡（3710万美元）。年底待清偿贷款预计为200亿塔卡（3.45亿美元）。

6. 还款率为98.89%

7. 贷款100%由银行内部资源提供

格莱珉银行的待偿贷款全部由自有资金与存款储蓄提供，68%的存款来自本银行的贷款者。仅存款储蓄已达到待偿贷款的97%，如将自有资金与存款储蓄两项相加，则达到代偿贷款的130%。

8. 无捐款、无贷款

1995年，格莱珉银行决定不再接受任何捐助资金，自此再未提请任何新的捐款请求，最后收到的一笔原有捐款的分期付款是在1998年。格莱珉银行认为没有任何必要再接受捐款，甚至也没有必要再接受国内外的贷款。以格莱珉不断增长的存款储蓄来运作并扩展其信贷项目以及清偿现有贷款，是绰绰有余的。

9. 1998年洪灾后贷款已全部还清

1998年毁灭性的洪灾之后，为了向那些失去财产的贷款者提供新的贷款，格莱珉银行立即向孟加拉中央借贷了30亿塔卡（6112万美元），并通过发行债券向商业银行借贷20亿塔卡（4075万美元），所有这些贷款都已被全数还清。并且，所有其他贷款也都被按期偿付。在过去十二个月期间，共偿还贷款17850万塔卡（303万美元）。2004年洪灾后的恢复项目全部以银行自有资源执行，我们不再需要依靠贷款了。

10. 利润

自从格莱珉银行成立以来，除1983、1991与1992三个年份之外，每年都赢利。银行每年都公布审计过的财产负债表，由国内两家拥有国际信誉的审计行审计。这些报告都在我们的网站上公布：www.grameen.com。

11. 收入与费用

2003年格莱珉银行的收入为35.8亿塔卡（6125万美元），费用支出为32.3亿塔卡（5526万美元），其中38%用于工资、补贴、福利，为12.3亿塔卡（2104万美元）；34%的第二大项支出用于存款利息支出，为11亿塔卡（1882万美元）。2003年格莱珉银行的利润为3.51亿塔卡（550万美元），所有利润都转入一项用于灾难恢复的复苏基金，以此，格莱珉银行符合政府提出的免除所得税的条件。

12. 低利率

孟加拉政府将所有政府运作的小额贷款项目规定为11%的统一利率（flat rate），以余额递减计算即接近了22%。格莱珉银行的贷款利率低于政府的利率。

格莱珉银行的贷款有四种利率：创收目的的贷款利率为20%，住房贷款利率8%，学生贷款利率5%，艰难成员（乞丐）贷款免息，零利率。所有利率都是简单利息，按余额递减计算（declining balance method），举例说明：如果一名贷款者为创收目的借了1000塔卡贷款，每周分期还款在一年内付清，她总共需要还1100塔卡，即1000本金，再加上一年的利息100塔卡，相当于10%的统一利率。

13. 存款利率

格莱珉提供极富吸引力的存款利率，最低为8.5%，最高为12%。

14. 吸收乞丐成员

乞讨是一个穷人求生的最后手段，除非他或她选择去犯罪或从事其他非法活动。乞丐中有残疾人、盲人、智障者,以及病弱的老人。格莱珉银行实施了一个名为"艰难成员"的特殊项目,以此将救助延展至乞丐。已经有超过17647个乞丐加入了这个项目,我们预期,2004年这个数字将达到25000。项目已发放的贷款目前为910万塔卡,其中已有260万塔卡被偿还。

项目的基本特征包括:

a)乞丐成员另行制定自己的规则,而不使用格莱珉银行的现行规则。

b)所有贷款都免除利息,贷款期限可以很长,分期还款数额可以很小。例如,为了买被子、蚊帐,或是一把雨伞而借的贷款,许多借贷者可以每星期只还2塔卡(3.4美分)。

c)乞丐成员都可以享受生命保险与贷款保险而无须付费。

d)鼓励小组与中心资助乞丐成员。

e)每个成员都收到一个带有格莱珉银行的身份卡,她在日常生活中可以随时佩戴,使所有人都知道她是一个格莱珉成员,在她的身后,有这个全国性机构的支持。

f)不要求成员们放弃乞讨,但是鼓励他们开始做一些可以产生收入的活动,比如上门或在乞讨的地点出售一些日常用品。

这个项目的目标是,为乞丐提供财务服务以帮助他们找到有尊严的生活方式、送他们的孩子去上学,并使其逐渐成为一个正式的格莱珉银行的成员。我们希望,在格莱珉银行的乡村里,没有一个人靠乞讨为生。

15. 为穷人提供住房项目

1984年,格莱珉开始推行住房贷款项目,受到借贷者们的热烈欢迎,1989年,该项目获得了阿加·汗国际建筑奖。住房贷款的上限是2.5万塔卡(428美元),每周分期还款,十年还款期,利率是8%。有将近六十万所房子是在此项目下建造起来的,平均造价13386塔卡(224美元)。已发放住房贷款总额为80.3亿塔卡(134万美元)。在过去十二个月中发放的住房贷款为22563万塔卡(378万美元),又有25792所房子建造起来。

16. 微小企业贷款

有许多贷款者生意的增长能够比其他人快得多,因为他们有一些更有利的条件,比如,更接近市场及家庭男成员的参与等。格莱珉银行为这些进步很快的成员提供名为微小企业贷款的较大额贷款,贷款规模没有限制。至今已有193366名成员接受了微小企业贷款,总额达41.9亿塔卡(7133万美元),平均贷款规模为21645塔卡(362美元),迄今为止最大的单笔贷款是100万塔卡(17195美元),用来购买一辆卡车,由贷款者的丈夫驾驶。微型企业贷款的常见用途包括购买电犁(Power-tiller)、灌溉泵、运输车、水运及渔业工具等。

17. 奖学金

每年,银行都向格莱珉成员的子女发放奖学金,女童优先,以鼓励其在学校里取得更好的成绩。每年都有不同年级的超过14507个孩子得到奖学金。

18. 教育贷款

达到接受高等教育水平的学生可以得到教育贷款，包括学费、杂费及其他上学费用。至2004年8月，已有3988名学生收到了教育贷款，其中3598名学生正在不同的大学就读，包括70名医学院学生，114名在学习工程师的课程，还有202名在其他专业机构学习。

19. 格莱珉网络

格莱珉银行在以下格莱珉网络中的公司里不占有任何股份，并与这些公司没有任何贷款往来。这些公司是在孟加拉公司法之下注册的独立公司，像其他所有孟加拉的公司一样履行所有纳税义务。

a）格莱珉电话

b）格莱珉电信

c）格莱珉通信

d）格莱珉赛博网络有限公司

e）格莱珉软件有限公司

f）格莱珉信息技术园

g）格莱珉信息高速公路有限公司

h）格莱珉明星教育有限公司

i）格莱珉Bitek有限公司

j）格莱珉Uddog（企业）

k）格莱珉Shamogree（产品）

l）格莱珉针织品有限公司

m）Gonoshasthaya格莱珉纺织厂有限公司

n）格莱珉Shikkha（教育）

o）格莱珉资本管理有限公司

p）格莱珉Byabosa Bikash（业务推广）

q）格莱珉信托

20. 格莱珉银行缔造的公司

以下格莱珉网络中的公司是由格莱珉银行缔造的，是应用捐助款项将格莱珉银行的一些项目从银行中分离出来的，它们都是独立的法人机构。格莱珉银行将收到的捐助款项均作为贷款转入格莱珉基金，这些公司对格莱珉银行负有贷款债务。

- 格莱珉基金：37320万塔卡（638万美元）
- 格莱珉Krishi基金会：1900万塔卡（33万美元）
- 格莱珉Motsho（渔业）基金会：1500万塔卡（26万美元）

格莱珉为以下机构从政府与金融机构的贷款提供担保，以下为有效担保：

- 格莱珉Shakti：1700万塔卡（29万美元）
- 格莱珉Motsho（渔业）基金会：1000万塔卡（17万美元）

格莱珉Kalyn

格莱珉Kalyn（Well-being，康乐）是由格莱珉银行创建，并在之后分离为独立的公司。其前身是格莱珉银行的SAF项目，

SAF（社会进步基金）是格莱珉银行以来自不同捐助者的所有捐款的利息设立的内部基金。SAF已经转变为一个独立的公司，并执行其在格莱珉成员中推动社会进步活动的使命，诸如教育、健康、技术等。

21. 亡故后贷款清偿

根据贷款保险项目，在贷款人亡故的情形下，其所有未偿贷款都由保险基金偿付。保险基金是以贷款者年度储蓄的储蓄利息建立的。贷款者每年须在一个指定账户存入相当于其截至当年12月31日待偿贷款数额3%的存款。如果她当年的未偿贷款数额未超过前一年的同期数额，就不必再在这个户口存钱；如果超过，她就只需再存入超过部分的3%。

截至2004年8月31日，贷款保险项目的存款数额为81067万塔卡（1357万美元），有18337位贷款者亡故，所遗留的未偿贷款本息共10983万塔卡（180万美元）均由此项贷款保险基金付清。贷款者的家属不仅不需要承担付清贷款的负担，还会全额得回贷款者生前在此项保险中存入的储蓄。

应贷款者的普遍要求，此项保险也扩展到贷款者的丈夫，为得到此项保险益处，贷款者需要在保险储蓄中存入双倍的数额。

22. 生命保险

每年，亡故的格莱珉贷款者家庭收到的生命保险赔付，数额达800万—1000万塔卡（14万—17万美元），根据亡故者作为格莱珉贷款者的时间长短,每个家庭得到2000塔卡或1000塔卡。至今,共有71763位贷款者故去,他们的家属一共收到14019万塔卡(325万美元)。作为银行股东的贷款者们无须为此项生命保险支付保险金。

23. 存款

2004年,成员与非成员的储蓄都稳定增长,年初时的存款总额为130.31亿塔卡(22766万美元),至2004年8月,达到170.88亿塔卡(29947万美元)。其中,成员储蓄从年初的99.7亿塔卡(17061万美元)到8月底的120.24亿塔卡(20494万美元),增长了22.7亿塔卡(3433万美元),同期增长率为22.77%。非成员储蓄从年初的33.3亿塔卡(5705万美元)到8月底的56.5亿塔卡(9453万美元),同期增长额为23.2亿塔卡(3748万美元),同期增长率达到69.67%。

预计至2004年底,储蓄总额将增长至190亿塔卡(32506万美元),代偿贷款额预计为200亿塔卡(34217万美元)。在未来六个月里,储蓄存款有望超过待偿贷款,平衡交叉点可能在220亿塔卡(37640万美元)。

24. 贷款者养老基金

上年纪的贷款者们为将来不能工作、不能挣钱而忧虑,格莱珉银行的养老基金项目消除了他们的忧虑,该项目一经推出立即受到普遍的热烈欢迎。

参加这个项目的贷款者须每月存入一笔如50塔卡(0.86美

元）的小数额存款，持续十年，之后，存款者得到的数额几乎是她的存款的两倍。贷款者们觉得这个项目太有吸引力了，至2004年8月底，这个项目的存款总数达47.3亿塔卡（7920万美元），在过去八个月（2004年1月至8月）里增加的数额为9.2亿塔卡（1540万美元）。我们预期，项目存款在2004年的增长额将达到22亿塔卡（3684万美元），总额将达到60亿塔卡（10047万美元）。

25. 存款超过贷款的分行数量

2004年初，有485个分行的储蓄额超过了待偿贷款额，至2004年8月底，这个数字达到了621，到2004年底，可能会有850家分行达到这个目标。

26. 贷款坏账损失提存

格莱珉银行的坏账预提政策非常严格。如果一笔贷款未能按时付清，即被归入一个特殊贷款项目——"弹性贷款"。弹性贷款在第一年度末要预提50%坏账拨备，第二年度末预提100%，至第三年度末，即使贷款的分期还款还在继续，也将被作为坏账注销。

至2003年底，减去2003年当年的坏账注销数额7.8亿塔卡（1324万美元），坏账拨备数额为35.5亿塔卡（6026万美元）。在过去所有已注销的坏账中，2003年恢复数额为1.3亿塔卡（221万美元）。

27. 退休金即付

格莱珉银行实施一项富有吸引力的退休政策。任何服务满十年或以上的雇员都可以退休,并在退休时得到一笔现金退休福利,通常是在退休后的一个月内收到。自此项福利政策实施以来,已有5118位雇员退休,领取的退休福利现金总额为24.8亿塔卡(4723万美元),退休雇员人均达到4800万塔卡(9228美元)。在过去十二个月里又有523位雇员退休并领取了总额3.1亿塔卡(519万美元)的退休福利,人均5500万塔卡(9925美元)。

28. 电话女士

至今,格莱珉银行已为74422位贷款者提供了购买移动电话所需的贷款,并在孟加拉将近半数的村庄提供电信服务,这是那里从未有过的。电话女士们经营这些电话,生意的利润很丰厚。

电话女士在这个国家的电信运营业里扮演一个重要的角色,并为格莱珉电话——这个国家最大的电话公司——带来收入。电话女士只占到公司注册用户数量的4%,而她们使用的通话时间占到公司通话时间的16%。

29. 入选地方机构

格莱珉的体系使得贷款者很熟悉选举程序,每年,她们都要常规选举组长和秘书、中心主任与副主任;每三年,她们选举运营格莱珉银行的董事会成员。这些经验使她们为参与地方机构选举做好了准备,她们参加竞选,并入选地方政府机构。在2003年的当地政府(Union Porishad)选举中,有7442位格莱珉贷款者参加了妇女席位的竞选,有3059位成员当选,占到

Union Porishad 地方政府所有妇女席位的 24%。在 1997 年的地方政府选举中，当选妇女保留席位的成员是 1753 位。

30. 计算机化的信息管理系统与会计系统

几乎全部分行（总数 1277 个分行中的 1184 个）的会计与信息管理都实现了计算机化，这使得分行的员工能将更多的时间给贷款者，而不必花在文档工作上。

在每周例会上，打印出来的还款记录被分发给每位分行员工，如果贷款者按期付款，员工只需在文件上签署而不必写其他内容，只有在还款拖期情形下才需要记述。在村庄仍然保留的纸张文件，就只有贷款者的贷款折子了。

18 个区域中的 14 个，都通过企业网（intra-net）与总部联网，并彼此相联，这使得数据传输与通信非常容易。

31. 开办新分行的政策

在成立的第一年内，允许新分行向银行总部借款，以启动其贷款业务。第一年过后，分行的贷款业务必须由其自身的储蓄流动支撑。新的分行被要求在其运营的第一年内达到收支平衡。

32. 跨越贫困线

根据近期的一项内部调查，格莱珉贷款者的家庭中，有 59% 已经跨越了贫困线，余下的家庭正在坚定地向着摆脱贫困的方向前进。

33. 绩效"奖星"

格莱珉银行为 100% 完成专项任务指标的分行与员工颁授

彩色奖星。得到五个奖星的分行（或员工），表示其取得了最高水平的业绩。至2003年底，分行获得奖星的结果如下，在全部1277家分行中：

994家分行因保持100%还款纪录得到绿色星。

798家分行因赢利获得蓝色星（格莱珉银行的整体利润，来自所有赢利分行的赢利总额减去所有亏损分行的亏损总额）。

562家分行因达到完全凭自有收入与储蓄支持自身运营而赢得紫色星。这些分行不仅以自有资金支持自身运营，而且将他们的盈余贡献出来，以支持那些亏损分行的贷款需求。

327家分行因确保格莱珉家庭的儿童百分之百接受教育而申请棕色星，奖星将在完成核实程序之后确认。80家分行因全体贷款者家庭都跨越了贫困线而申请红色星（通常每个分行负责2500个左右家庭）。

所有奖星都只有在核实程序之后才会颁授。每个月，各分行都会更加接近新的奖星目标。格莱珉员工期盼，将所有的格莱珉分行都转化为五星分行。

（2004年）

附录二

联系方式

尤努斯教授与格莱珉银行联系方式：

Professor Muhammad Yunus

Grameen Bank

Mirpur Two

Dhaka 1216

Bangladesh

传真：8802-8013559

E-mail：yunus@grameen.net

网站：www.grameen.com

美国联系方式：

Grameen Foundation USA

1029 Vermont Avenue, NW, Suite 400

Washington, DC 20005

电话:202-628-3560

传真:202-628-3880

E-mail:info@grameenfoundation.org

网站:www.gfusa.org